Down Under

Die Viererbande unterwegs auf dem fünften Kontinent!

So, nun also die Reise an das andere Ende der Welt. Wir treffen uns wieder am Flughafen Tegel und fiebern unserem kommenden Abenteuer entgegen. Wir, für alle die meine Erzählungen über den Roadtrip in Amerika nicht gelesen haben, das sind Katrin, Thommi, Bine und Micha, der Erzähler. Vor 562 Tagen stand ich mit Thommi im warmen Wasser des Pazifischen Ozeans und fabulierte über eine Reise nach Australien. Dieser Moment am Strand von Waikiki Beach in Honolulu war die Geburtsstunde des nun anstehenden Urlaubs.

Bereits kurz nach unserem harmonischen Ausflug nach Amerika und den tollen Erlebnissen in Kalifornien, Nevada, Arizona und Hawaii, konkretisierte sich die Reise und es gab keinen Zweifel, dass wir auch dieses Unternehmen zu viert antreten werden. Unser überaus dynamisches Quartett wollte auch in „Down Under" gemeinsam Neues erleben.

Und wir hatten uns Großes vorgenommen. Ich habe den Anderen noch jeweils einen Zwischenstopp auf den Flugrouten vorgeschlagen und so stehen Singapur auf dem Hinflug und Hongkong auf dem Rückflug zusätzlich auf dem Programm. In Australien selbst geht es mit dem Auto von New South Wales über Victoria und South Australia in den Northern Territory bevor es mit dem Flieger nach Perth in West Australia geht. Aber der Reihe nach.

Dienstag, der 7.2.2017

Treffpunkt in der Nähe von Gate 5 in Tegel, unserem Abfluggate, gegen 14:00 Uhr, zwei Stunden vor unserem Start. Da man in Berlin den Verkehr nie so richtig vorhersehen kann, treffen wir eine Viertelstunde früher ein und sind nicht besonders erstaunt von Katrin und Thommi in Empfang genommen zu werden. In den letzten 100 Tagen vor diesem Urlaub habe ich den 10 Tages Countdown ablaufen lassen und die Beiden mit immer frischen Informationen zur Reise versorgt. Da will man nicht wegen eines Staus das rechtzeitige einchecken verpassen. Außerdem freuen sich scheinbar alle auf den traditionellen Starbucks Besuch mit den Kindern. Unsere Kinder lieben diese Tradition und setzen alles dafür in Bewegung um uns zum Flughafen zu bringen. Es muss definitiv der Kaffee sein, denn inzwischen wohnen sie nicht mehr zu Hause und die Theorie, sie wollen nur sicher sein, dass wir auch wirklich weg sind, ist somit obsolet.

Gegen 16:00 hebt endlich der Flieger in Berlin ab und es fühlt sich ein wenig an als ob man mit dem Bus zum eigentlichen Treffpunkt fährt. In London wartet nämlich ein A380 von British Airways auf uns. Wir haben im Vorfeld die Sitzplätze für den 13 stündigen Flug reserviert und nehmen, nach unserem kurzen Zwischenstopp in Heathrow, im hinteren Teil des Oberdecks unsere Plätze ein. Zweierreihe hintereinander, das ist uns wichtig. Dann muss man nicht immer auf den Fluggast am Gang Rücksicht nehmen, falls mal die Blase drückt oder der Mund trocken wird. Ich habe mir das Platzangebot in diesem Superflugzeug allerdings etwas großzügiger vorgestellt. Meine Beine brauchen einige Übung um unter dem Vordersitz ihre Rast zu finden und den Touchscreen kann ich gefühlt mit meiner Nasenspitze bedienen. Trotzdem ist es ein angenehmer Flug. Dieses Monster von Flugzeug fliegt sehr leise und man kommt sich wie ein Wattebausch liegt wie ein Brett in der Luft vor.

Aufgrund der Zeitverschiebung, wir fliegen diesmal der Zeit entgegen, ist es bereits früher Abend des 8.2. als wir Singapur erreichen. Viel sehen wir aus der Luft noch nicht. Das liegt allerdings nicht an der Abenddämmerung, sondern vielmehr an der tiefen dichten Bewölkung. Man hat mir im Vorfeld eine Luftfeuchtigkeit von 80% versprochen, jetzt bekommen wir 100%. Während des Anflugs streift der Regen gegen die Fenster des Airbus und auf die Glaskuppel der Einreisehalle in Singapur prasselt lautstark ein tropischer Regenguss. In der angenehm temperierten Halle stellen wir uns in die Schlange der Einreisenden und es dauert auch gar nicht lange, dann haben wir einen schönen Stempel im Pass und dürfen zu unserem Kofferband weitergehen. Zur großen Freude aller sind auch diesmal

4

alle Koffer mitgekommen und das unversehrt. Im Nieselregen gleiten wir dann im Großraumtaxi, vier Personen mit vier großen Koffern und den üblichen Reisebegleiter Rucksack, Richtung Innenstadt. Der freundliche Taxifahrer verspricht mir sodann einen dauerhaften Regen, schließlich befänden wir uns in der Regenzeit. Gott sei Dank stellt sich heraus, dass die überaus freundlichen Menschen in Singapur nicht immer Recht behalten sollen.

Um nicht wieder ein Fiasko wie in San Francisco zu erleben, habe ich diesmal die Hotels zum Auftakt und Ende dieses Urlaubs mit Bedacht und einem kleinen Tüpfelchen an Exklusivität ausgesucht. Das „Conrad Centennial" in Singapur übertrifft aber meine Erwartungen bei Weitem.

Das freundliche Empfangspersonal beglückt uns mit der Bestätigung eines Upgrades, aufgrund der frühen Entscheidung und Buchung des Hauses, und weist uns zwei Zimmer im 28.ten Stock zu. Über uns befinden sich nur noch der Konferenzbereich, Dachpappe und die Blitzabweiser. Katrin und Thommi schauen auf die 5 Gebäude des „Sun Tec City" Ensembles mit dem Springbrunnen in der Mitte, während wir einen ebenso herrlichen Ausblick auf die Skyline und den alten Hafen haben. Und wenn wir nicht unseren „europäischen Langnasen" alle Ehre machen würden, dann könnten wir sogar noch ein Stück vom bezaubernden Marina

Bay Sands sehen. Diesem dreibeinigen Hotel mit dem Surfbrett on Top.

Trotz des Regens ist es immer noch angenehm warm und so machen wir uns im T-Shirt mit den hoteleigenen Regenschirmen auf die erste Erkundungstour. Es wird bereits dunkel, aber ich möchte noch in Erfahrung bringen, wo der Sightseeing Bus seine Haltestelle am Sun Tec City Komplex hat. Danach entführe ich alle in Richtung des Raffles Hotel. Hier gibt es die Long Bar, in welcher der Singapur Sling erfunden wurde. Ein Cocktail aus Gin, Brandy und Cointreau.

Das Raffles Hotel ist eines der ältesten Häuser in der Stadt und der viktorianische Baustil verzaubert uns. Im ersten Stock befindet sich die Bar, die immer noch in ihrem Ursprung erhalten geblieben ist. Unter der Decke sorgt, statt einer Klimaanlage, ein aufwendiges Spindelgetriebe für die Bewegung von Fächern, die die Luft nur schwach in Bewegung halten und auf dem Boden liegen Schalen von Erdnüssen herum.  Die Gäste dürfen sich aus Jutesäcken bedienen und fröhlich vor sich hin knabbern. Der Cocktail ist erheblich überteuert, dafür stimmt aber das Ambiente und sowieso sind wir an diesem Abend alle glücklich.

Beschwingt vom gelungenen Einstieg in diesen Urlaub und dem alkoholhaltigen Drink auf nüchternen Magen, machen wir uns auf den Weg in Richtung Hotel. Wir kehren noch kurz in ein, uns am gemütlichsten scheinende, asiatisches Restaurant im Foodbereich der Sun Tec Mall ein. Eine rein vorbeugende Maßnahme um die Nacht nicht durch Magenknurren frühzeitig zu beenden. Danach schlendern wir wieder, satt und immer noch beseelt von den ersten Eindrücken, Richtung Hotel. Für heute ist Schluss.

Donnerstag, der 9.2.2017

Ausgeruht treffen wir uns wie gewohnt um 8:00 Uhr morgens zum Frühstück. Wir stärken uns an einem ausgewogenen Frühstücksbuffet, welches keine Wünsche offenlässt. Neben dem uns bekannten internationalen Buffet gibt es hier selbstverständlich auch asiatische Speisen, die ich sofort probiere. Allerdings ist der morgendliche Genuss von Dumplings in Miso Suppe oder Dim Sums dann doch nichts für meinen europäischen Gaumen.

Singapur verfügt über drei unterschiedliche Busrouten, die einem die Stadt näherbringen sollen. Wir nehmen den ersten Bus, die rote Linie, und lassen uns mit diesem einmal durch die Stadt an den wichtigsten Sehenswürdigkeiten vorbeifahren. Damit bekommen wir ein tolles Gefühl für die Entfernungen in der Stadt und unseren Prioritäten. Zudem werde ich in meiner Entscheidung der Hotellage gestärkt. Ich habe mich bewusst gegen die Schickimicki Gegend der Orchand Road entschieden. Als unsere erste Tour zu Ende ist, versorgen wir uns schnell noch mit frischen Wasserflaschen und steigen sofort in den nächsten Bus. Dieser Bus, die „grüne" Linie, bringt uns unter anderem nach „Little India" und „Chinatown". Hier wollen wir aussteigen und ein wenig zu Fuß die Stadt erkunden. In „Indien" findet an diesen Tagen ein Fest statt. Auf der Suche nach einem besonderen Tempel begeben wir uns auch in kleine Querstraßen und haben sofort das Gefühl in Indien zu sein. Die Hauptstraße ist zum Fest sehr hübsch geschmückt, Gläubige laufen mit Körper umhüllenden Schmuck durch die Straßen und versetzen sich tanzend in Ekstase. Der größte und wohlmöglich prunkvollste Tempel hat seine Türen geöffnet. Hunderte von Besuchern strömen durch den Tempel und besichtigen die vielen verschiedenen, bunten Altare. Auch wir entledigen uns unserer Schuhe und wandern staunend durch den Tempel. Danach gehen wir zurück zur Bushaltestelle und fahren weiter nach Chinatown. Während „Indien" sehr authentisch wirkte und die

Menschen, nicht nur wegen des Fests, den Eindruck erweckten, sich selbst zu leben, wirkt Chinatown doch sehr touristisch. Viele Stände verkaufen vorallen Dingen Souvenirs. Aber es mangelt auch nicht an Speisen und Getränken. Wir durchlaufen das gesamte Viertel  und treffen am Ende tatsächlich noch auf einen Markt auf dem es authentischer zugeht. Die Alten sitzen an Tischen und Spielen Mahjong. An den Seiten des kleinen überdachten Platzes gibt es Speisen aus der Straßenküche. Alles offen, alles ehrlich.

Uns verschlägt es dann doch in eine kleine offene Kneipe, einen touristischen Eckladen der mit seinem Angebot an chinesischen Bier den Zuschlag bekommt. Wir bestellen uns ein eiskaltes Tiger Bier und genießen die für uns ungewohnte 700 ml Größe. Nachdem der Durst gelöscht ist, nehmen wir die nächste Buslinie (braun) und fahren zurück zum Hotel. Bevor es abends in das Marina Bay Sands geht, legen wir uns noch kurz an unseren Hotelpool und springen natürlich zur Erfrischung auch mal hinein. Das badewarme Wasser passt ausgezeichnet zu dem heutigen Tag. Es ist sonnig mit ein paar kleinen Wolken und angenehm warm. Nix Regenzeit. Am Abend wollen wir dem Marina Bay Sands auf das Dach steigen und im Anschluss noch die Licht- und Musikshow im „Garden by the Sea" besuchen. Wir nehmen die MTR, das ist die U-Bahn in Singapur, und fahren zwei Stationen. Tatsächlich fahren wir drei, da ich mich falsch orientiert habe, aber das freundliche Personal zeigt uns den Weg zurück.

Bis auf die hilfsbereiten Scouts rund um die Bahnhöfe ist hier alles automatisiert. Die Metro ist führerlos und rast computergesteuert durch das Tunnelsystem. Wir erreichen das Marina Bay Sands und wandeln durch die Ebene 1. Diese beherbergt mehrere Rezeptionen. Das Gebäude besteht aus drei Türmen, kleineren Shops und eine Menge Kunstobjekte. Am Ende des Gebäudes befindet sich die Kasse und der Lift für den Dachbereich, wenn man nicht in diesem Hotel wohnt. Eine freundliche und durchaus attraktive Mitarbeiterin macht uns darauf aufmerksam, dass am heutigen Abend die „Aussichtsplattform", das ist die vordere Spitze des Surfbretts, wegen möglicher Gewitter geschlossen bleiben muss. Sie bietet uns an, mit dem Lift in den Club auf dem Dach zu fahren, und von dort die Aussicht zu genießen. Den durchaus erschwinglichen Eintritt von 22€ wird man uns im Club auf die dort verzehrten Getränke und Snacks anrechnen. Wir lösen die Tickets und begeben uns auf das Dach in den „Ce la Vie" Club. Wir fahren in das 57. Stockwerk und in 200 Metern Höhe verschlägt es uns fast den Atem. Obwohl noch genug Sitzplätze auf gemütlichen Chillcouches im inneren vorhanden sind, ergattern wir lieber ein paar Plätze an den Stehtischen direkt an der Balust-

rade und genießen den wunderschönen Ausblick. Hinter dem Club befindet sich der Infinitypool der bei weitem voller ist als in jedem Bericht, den ich bisher gesehen habe. Tatsächlich verdunkelt sich der Himmel nun ein wenig. Gut, dass es auch eine Menge Plätze hier oben gibt, die überdacht sind. Falls es tatsächlich noch regnen sollte bleiben wir hier erst einmal trocken. Jeder von uns macht auf dem Dach mal eine kleine Runde, fotografiert oder saugt einfach nur die Atmosphäre auf. Wir entdecken auf der anderen Seite des Clubs eine kleine Plattform von der man direkt auf den „Garden by the Sea" schauen kann.

Spontan entscheiden wir uns die Show von oben anzusehen. Eine gute Entscheidung, denn die Show begeistert uns nur wenig. Vielleicht liegt es an der schlecht zu hörenden Musik, immerhin liegen ein paar Höhenmeter zwischen uns und dem Park. Aber Lichtshows haben wir schon viele gesehen und revolutionär würde ich die Illumination nicht gerade nennen. Beseelt von diesem wunderschönen Abend über Singapur fahren wir mit der MRT zurück Richtung Hotel und essen noch eine Kleinigkeit beim Japaner um die Ecke unseres Hotels.

Freitag, der 10.2.2017

Zwischen Frühstück und Abflug liegen noch gut 12 Stunden. Nach dem Frühstück checken wir aus und lassen unsere Koffer im Hotel. Ortskundig geht es zur MRT, wo wir routiniert unsere Tickets kaufen und zum „Garden by the Sea" fahren. Auch heute ist von Regen nichts zu sehen. Es ist heiß und die Luftfeuchtigkeit nähert sich den im Vorfeld versprochenen 80%. Da ist es ganz praktisch, dass man den „Tree Top Walk" des Gartens mit dem Lift erreicht.

Wir wandeln in schwindelnder Höhe von einem künst-

lichen Baum zum nächsten und bewundern die eingeflochtene Flora der Stahlkolosse. Da die Lauffläche nicht durchsichtig ist, kann Bine das Ganze auch in vollen Zügen erfahren. Danach gönnen wir uns ein Käffchen und streunen durch die restlichen Teile des Gartens, der vollkommen autark ist. Ein bemerkenswertes Umweltprojekt. Vom Garten gelangen wir dann wieder in das Marina Bay Sands. Diesmal die Ebene „0". Diese Ebene beherbergt eine Ansammlung der feinsten Boutiquen, passend zum Klientel des Hotels. Ein wenig erinnert diese Hotelmall an das Hotel Venetian in Las Vegas. Auch hier hat man einen kleinen Wasserlauf eingebaut, auf dem man mit einer Gondel gleiten kann.

Während der Stadtrundfahrt am gestrigen Tag hatten wir ein paar kleine witzige Restaurants am Singapur River entdeckt. Das ist also unser nächstes Ziel und wir rauschen mit der MRT durch die Unterwelt Singapurs. Hatte das Viertel aus dem Bus noch nett ausgesehen, so vermittelt es am frühen Nachmittag keine anheimelnde

Atmosphäre. Wir müssen erkennen, dass dieses Viertel eher etwas für die Abendstunden ist. Wir machen noch ein paar Fotos für das Album zuhause und entscheiden nach etwas Essbaren zu suchen. Leider gibt es diesmal keine so einfache Lösung. Wir, besser gesagt ich, nöle ein wenig und wir bummeln unentschlossen ein wenig im Kreis. Letztlich einigen wir uns dann auf eine chinesische Noodlebar im Kantinenoutfit. Diese befindet sich in dem Untergeschoß der kleinen Mall und wirkt nicht gerade gemütlich und das Essen schmeckt ebenso – unterirdisch.

Auf dem Rückweg zur MRT merkt dann Bine auch noch, dass sie Ihre Ray Ban Sonnenbrille auf dem Kantinentisch vergessen hat. Ich sprinte einen gefühlten Kilometer durch die verwinkelten Gänge im Tiefparterre der Mall und der MRT zurück zur Noodlebar. Der fetthaarige unterhemdbekleidete Tischabräumer strahlt mich bei meiner Frage nach der Brille an und führt mich zur Kasse. Dort hat er das teure Stück hinterlegt. Und die Moral von der Geschichte?! Urteile nie nach dem Aussehen eines Menschen.

Im Hotel zurück, lassen wir uns unsere Koffer bringen und ziehen uns zum Kleiderwechsel kurz zurück. Dann bitten wir den Pagen uns ein Taxi zu bestellen. Ein Großraumtaxi bitte. Doch die sind um diese Zeit nicht so einfach zu bekommen und so fahren mehrere normale Taxis vor. Entweder wir oder die Taxifahrer schütteln mit dem Kopf und wir warten weiter. Der nächste ältere Toyota wartet geduldig an der Schranke vor dem Hotel und wir bedauern schon die, für unseren Part, unnütze Geduld des Fahrers. Dieser hat sich jedoch eine Fahrt zum Flughafen zum Ziel gesetzt und verstaut tatsächlich unsere 4 großen Gepäckstücke in seinem Kofferraum. Während wir noch mit offenen Mund staunen, pfercht er drei von uns in den Fond und presst unsere zusätzlichen Rucksäcke hinterher. Thommi steigt gemütlich vorne ein, während wir drei im hinteren Teil die Flachatmung üben. In einem Affenzahn rast unser Pilot, stetig die Spur wechselnd und immer in unmittelbarere Reichweite der Stoßstange unseres Vordermannes, zum Flughafen. In Rekordzeit und zu einem Drittel des Preises, den wir für die Hinfahrt bezahlt haben, erreichen wir den Airport. Nun warten wir aufgeregt auf unseren Flug nach Sydney, unserem ersten Ziel in Australien.

Samstag 11.2.2017

Nachtflüge mit Zeitgewinn sind kein wirkliches Vergnügen. Nach einer kurzen Nacht mit wenig bis keinem Schlaf landen wir gegen 7:00 in Sydney. Die Einreiseformalitäten gehen sehr schnell und unsere Koffer trödeln auch schon über das Gummiband. Wir nehmen ein Taxi zum Hotel und überraschen den Concierge mit unserer sehr frühen Ankunft. Natürlich sind unsere Zimmer noch nicht fertig. Wir nutzen den angebotenen Umkleideraum neben dem Pool zum Frischmachen und verstauen danach unsere Koffer im Gepäckraum hinter der Anmeldung. Wir wohnen, wie in Singapur, sehr zentral. Die „Rocks" sind ein wiederbelebtes altes, ehemals anrüchiges, Stadtviertel direkt an der Harbour Bridge und dem Hafen von Sydney. Genau gegenüber der Oper, nur durch den Hafenbereich getrennt, erlebt das Szeneviertel seinen zweiten Frühling. In wenigen Minuten haben wir den Ticketschalter am Circular Quay für den Sightseeing Bus erreicht, lösen unsere Tickets und sitzen im ersten Bus. Erwartungsvoll und schlaftrunken passieren wir die ersten sehenswerten Gebäude der Stadt. Wir wollen auch in Sydney die erste Runde nutzen, um uns zu orientieren. Auch in Sydney ist es sehr warm und Bine kämpft Zusehens mit der Müdigkeit und Erschöpfung. Da trifft es sich gut, dass nach der ersten Runde unsere Zimmer fertig sind und wir eine erfrischende Dusche nehmen können.

Ich habe mir einige markante Punkte gemerkt und mache einen Vorschlag zur weiteren Vorgehensweise an diesem Tag. Kritiklos, und vielleicht der Müdigkeit geschuldet, wird mein Vorschlag angenommen und so setzen wir uns wieder in den Bus und fahren bis zum Martin Place. Der Martin Place ist der geometrische Mittelpunkt der Stadt und sehr beliebt bei den Einheimischen und den Touristen. Er wird auch als das Herz

Sydneys bezeichnet und beherbergt die wichtigsten Banken Australiens. Von hier laufen wir Richtung Queen Victoria Building, einem ehrwürdigen viktorianischen Gebäude. Unter dem Motto „Geschichte trifft Moderne" zieren etliche Geschäfte dieses mit seinen drei riesigen zeitgenössischen Uhren im Mittelgang ehrwürdige Gebäude. Beim Käffchen regenerieren sich unsere Körper und wir brechen zum Darling Harbour auf. Das ist der zweite Hafen von Sydney, den nur Schiffe erreichen können, die unter der Harbour Bridge durchpassen. Eine schöne Fußgängerbrücke überspannt im Osten den Hafen und wir wandern einmal rund um das Hafenbecken. An diesem Wochenende finden hier Drachenbootrennen statt und das gesamte Hafengelände ist sehr gut gefüllt. Fast hätten wir das Hard Rock Café übersehen. Aber ich glaube das passiert unseren T-Shirt Jäger Thommi nie. Wir lassen ihm die gewohnte Zeit um sich aus dem Angebot der Shirts den schönsten Sydney Aufdruck auszusuchen und erstehen fast nebenbei ein hübsches Shirt für unsere Tochter. Die Wärme und die fortgeschrittene Zeit drängen uns förmlich im Anschluss ein Bier auf, welches wir bei einem kleinen Italiener am Hafenbecken zu uns nehmen. Danach begeben wir uns zur nächsten Bushaltestelle und setzen die Sightseeingtour fort. Eine Station vor unserem Hotel findet ein kleiner Straßenmarkt statt. Wir steigen spontan aus und wandeln durch die gemütlichen kleinen Gassen zu unserem Hotel. Nicht unbemerkt bleibt beim Aussteigen aus dem Bus ein sehr leckerer Grillgeruch.

Am Hotel setzen wir die Mädels ab und machen uns alleine auf den Weg um eine Lokalität für das Abendessen auszusuchen. Außerdem will ich noch nach dem Fahrradverleih Ausschau halten, der sich unweit von unserem Hotel befinden soll. Wir werden schnell in beiden Fällen fündig. Sowohl der Verleih als auch das Restaurant sind schnell gefunden. Da reicht es noch für ein gemeinsames Bier im irischen Pub. Da können wir uns auch gleich mit den Bestellverfahren in den australischen Restaurants vertraut machen. Wie auch in englischen Pubs üblich, wird am Tresen bestellt. Getränke gibt es sofort auf die Hand und für das an den Tisch gelieferte Essen gibt es einen Tischaufsteller mit Zahl. Bezahlt wird auch sofort, damit erledigt sich das Warten auf den Kellner nach dem Essen.

Wir entführen die Mädels in das Burger Restaurant, welches unseren Nasen beim Busausstieg betört hat

 und ich bestelle mir einen Lamm-Burger. Der Geruch der frischen Grillwaren lässt uns das Wasser im Mund zusammenlaufen. Aber auch meine Augen sind kaum in den Höhlen zu behalten als mein Burger geliefert wird.

Im Burger befindet sich nicht etwa ein Lammpaddy, vielmehr liegen zwei zauberhafte Lammfilets auf einem Ensemble von frischen Salat und knusprigen Brötchen. Dazu reicht man mir Süßkartoffel-Pommes. Ein Gedicht. Zum allerersten Mal sehe ich mich genötigt ein Foto von meinem Essen zu machen. Der vollständigkeitshalber sei erwähnt, dass auch meine Mitstreiter eine gute Wahl getroffen haben und sehr zufrieden mit den Essen sind. Ein leckeres „Carlton Draught" Bier passt sich dem Essen optimal an.

Wir schließen diesen wunderschönen Tag mit einem Spaziergang zur nahen Brücke und dem Kreuzfahreranleger. Ich bin gerade 12 Stunden in Australien und schon hat mich der Kontinent gefangen. Das tolle Wetter, das sehr zentral gelegene Mittelklassehotel, das gute Essen und dieser schöne Szenebezirk haben es mir von Anfang an angetan.

Sonntag 12.2.2017

Wir stärken uns mit einem Frühstück, welches wir heute in einem kleinen Straßencafé einnehmen, ein paar Gassen vom Hotel entfernt liegt. Danach geht es zum offenen Büro des Fahrrad-Verleihs. Gestern hatten wir den Laden schon gefunden und waren angenehm überrascht, dass wir uns auf deutsch verständigen können. Ein junger Mann aus der „work and travel" Garde arbeitet für den Vermieter und macht uns nun die Räder fertig.Wir überqueren mit unseren Tourenrädern die Sydney Harbour Bridge Richtung Nordstadt und machen einen kleinen Schlenker durch diese grüne Vorstadt. Wir passieren einen kleinen dauerhaften Rummel und radeln danach am Ufer der Nordstadt entlang. Hier ist alles sehr beschaulich und erinnert ein wenig an den Berliner Bezirk Wannsee. Die Bebauung mit kleinen Villen am Hang und den vielen kleinen Stegen mit Segelbooten und Motorjachten. Das Wetter meint es heute sehr gut mit uns, bereits die Auffahrt auf die Brücke lässt mich ins Schwitzen kommen. Als wir zu einem „Lookout" fahren, um ein paar Brückenbilder von der anderen Seite zu machen, havariert mein Fahrrad.

20

Glücklicherweise schiebe ich es gerade in Richtung einer befahrenen Straße und hebe dabei das Rad leicht an um es über die Bordsteinkante zu heben, als mein Hinterrad aus dem Rahmen springt. Es folgt eine nervige Reparaturunterbrechung mit schmierigen Händen und noch mehr Schweiß. Nicht auszudenken, mir wäre dies während der Fahrt passiert.

Zurück im Hafen von Sydney, dem Circular Quai, kaufen wir uns Tickets für die Fähre und setzen mit den Fahrrädern nach Watsons Bay über. Die Fahrt dauert rund 45 Minuten und bei strahlendem Sonnenschein freuen wir uns auf die anstehende Radtour zum Bondi Beach, dem berühmtesten Strand in Australien. Das Thermometer erreicht inzwischen 37° Grad im Schatten und davon gibt es wenig. Der Weg ist zudem sehr hügelig und ist durchaus ambitionierter als vom deutschsprachigen Verleiher versprochen. Besonders Katrin kommt langsam an ihre Grenzen und wir überlegen kurz, ob wir den schlecht bis überhaupt nicht ausgeschilderten Weg fortsetzen. Ich glaube die Antwort ist klar, natürlich machen wir weiter. An einem

Kiosk kaufen wir frische eiskalte Flaschen Wasser, zum Preis einer Champagnerflasche und ein vorbeikommender Passant erklärt uns den noch fehlenden Kilometer bis zum Strand. Wir sind am Ziel und schauen von oben auf die kleine Badebucht, die an diesem Sonntag sehr gut besucht ist. An allen Stellen des sichelförmigen weißen Sandes ist es quirlig und die Menschen gehen den unterschiedlichsten Unternehmungen nach. In einem abgetrennten Surferbereich üben die Teens mit ihren Brettern während eine andere Gruppe eine Unterrichtsstunde als Lebensretter bekommt. Wir schließen die Fahrräder am Boardwalk an und ziehen uns unsere Badesachen an. Mitgeführtes Geld und Dokumente zwingen uns zur Geschlechtertrennung beim Baden. Thommi und ich springen sofort in die Fluten und sind etwas überrascht. Wir hatten uns die Wassertemperatur doch etwas wohliger vorgestellt. Dafür erleben wir tolle Wellen durch die wir tauchen können, in die wir springen können oder die uns ein-

fach zurück an den Strand spülen.

Während der Himmel sich langsam zuzieht und der

22

Wind zunimmt, nehmen Katrin und Bine noch einen Anlauf. Katrin schafft es komplett ins Wasser, Bine scheitert aufgrund der Wassertemperatur knapp über dem Knöchel. Die Schwärme von Menschen, die sich nun immer schneller vom Strand verabschieden, veranlassen auch uns zum Rückzug. Wie nicht anders zu vermuten, ist auch der Rückweg, der nicht der Hinweg in umgekehrter Richtung ist, schlecht ausgeschildert und führt oftmals über vielbefahrene Straßen, dessen Benutzer keine Rücksicht auf uns nehmen. Oftmals trennen uns nur wenige Zentimeter von den motorisierten Verkehrsteilnehmern, die momentan wenig entspannt wirken. Inzwischen hat es sich deutlich abgekühlt und es fängt sogar leicht an zu regnen. Der böige Wind macht uns zudem etwas zu schaffen. Wir müssen leider immer wieder nachfragen, um den richtigen Weg zu finden. Wir sind inzwischen sehr weit von dem uns bekannten Sydney entfernt. Die Harbour Bridge und den Westfield Tower können wir nur schemenhaft am Horizont erkennen. Aber wer uns kennt, der weiß, dass wir so schnell nicht aufgeben und so nähern wir uns langsam aber sicher dem Royal Botanical Garden. Von hier ist es nicht mehr weit bis zu „The Rocks". An einer Straßenkreuzung erwischt uns eine letzte Windbö des schlechten Wetters mit voller Kraft und wir ringen um unser Gleichgewicht. Eine halbe Stunde später hat sich das Wetter wieder beruhigt und der Sonnenschein ist nach Sydney zurückgekehrt, wie auch wir zu unserem Fahrradladen. Die Kritik am Zustand meines Fahrrades und der schlecht ausgeschilderten Fahrradroute findet wenig Gehör beim Verleiher, dafür freut er sich, uns die Mietkaution in voller Höhe wieder gutschreiben zu können.

Das Abendessen nehmen wir in einem zufällig am Nachmittag entdeckten urigen Szenelokal auf einer Dachterrasse in „The Rocks" ein. Es gibt Fish `n Chips für alle und dazu ein Victoria Bitter, ein australisches Bier, welches seinem Namen keine Ehre macht. Abgerundet wird der erlebnisreiche Tag mit einem Cocktail in einem versteckten Sommergarten. Es ist inzwischen, trotz der abendlichen Stunde, wieder sehr schwül geworden und da bietet sich der kleine offene Innenhof bestens für einen Absacker an.

Montag 13.2.2017

Heute steht die Besichtigung der Oper auf dem Programm. Wir haben die Karten für die deutsche Führung bereits zu Hause erworben und machen uns nach dem Frühstück auf den Weg dorthin. Wir wohnen so zentral, dass wir lediglich um den Circular Quai mit seinen vielen Fähranlegern herumlaufen müssen. Lediglich

um den Quai herum kann aber auch sehr lange dauern. Wie wir inzwischen feststellen konnten, konzentriert sich alles in Sydney um das Quai, Brücke und Oper. Somit kommt es an den Quais zu einer Ballung der Touristen. Zu den „normalen" Besuchern gesellen sich hier jeden Morgen zwischen 2.000 und 2.500 Kreuzfahrern, viele davon mit dicken Rollkoffern, weil hier die Reise für sie endet. Trotzdem schaffen wir es in nur 15 Minuten und stehen nun vor den Stufen der Oper. Wir haben sogar noch Zeit bei einem Dreh einer australischen Seifenoper zuzuschauen. Wir bekommen auch Autogrammkarten in die Hand gedrückt, von den völlig unbekannten Schauspielern. Zumindest für uns. Die deutschsprachige Führung dauert 1 ½ Stunden und wir haben das Glück, dass wir in alle wichtigen Säle hereindürfen. Leise natürlich, denn überall finden schon Proben statt. Besonders interessant ist die Architektur und die Geschichte des Baus, der sich viele Jahre hinzog und oftmals zum Scheitern verurteilt gewesen wäre, wenn die australische Regierung nicht im letzten Moment das Ruder in die Hand genommen hätte. Ganz anders als in Berlin. Hier hat die Regierung den Bau des Flughafens in die Hand genommen und dieser scheint nie fertig zu werden. Die Außenhaut besteht im Übrigen aus tausenden Kacheln, die sich selbst mittels Regenwasser reinigen. Dadurch glänzt die Oper immer so schön in der Sonne und hat nicht den Eindruck schon in die Jahre gekommen zu sein.

Direkt zu Füßen der Oper befindet sich der Eingang zum Royal Botanical Gardens, den wir im Anschluss betreten. Wir wollen die Wege durch die Natur nutzen um zur St. Mary Cathedral zu gelangen. Ich finde es immer wieder bemerkenswert, dass wir vier uns an der einfachen Natur begeistern können. Fröhlich und mit

sehr viel Spaß durchqueren wir den Garten und erfreu-
en uns an Pflanzen und Tieren. Wir entdecken wieder
eine der großen „Tigerspinnen", die wir schon an den
Klippen auf dem Weg nach Bondi Beach gesehen haben. Das Netz der Spinne leuchtet golden in der Sonne
und es fühlt sich an wie ein dicker Nylonfaden. Man
spürt beim Ziehen an den Fäden eine ungeheure
Spannkraft. In so einem Netz möchte ich nicht hängen-
bleiben. Aufgrund der goldenen und glänzenden Fäden
heißt meine „Tigerspinne" im Original auch goldene
Seidenspinne.

Zwischen Botanischen Garten und der Kirche werfen
wir noch kurz einen Blick in die „Art Gallery of New
South Wales", dem Museum für Moderne Kunst. Nach
dem Besuch der Kathedrale wandern wir dann durch
den Hyde Park über die Market Street nochmal zum
Darling Harbour. Alles very british hier in Sydney.
Zwischendurch reicht die Zeit noch für ein Käffchen
im Queen Victoria Building. Unweit des Darling Harbour befindet der Tumbalong Park, eine kleine Grünfläche die von vielen Restaurants umsäumt wird. Der
„Chinese Garden of Friendship", dem wir noch kurz
einen Besuch abstatten möchten, befindet sich am Ende
des Parks. Vor den Toren entdecken wir jedoch gewisse Parallelen zu den Berliner Gärten der Welt in Mar-
zahn und scheuen das üppige Eintrittsgeld. Genug
Pflanzen hatten wir heute ja schon im Botanischen Garten. Beim Rückweg an den Ufern des Darling Harbour

bestätigt sich unsere Auffassung der räumlichen Überschaubarkeit Sydney`s. Ein Schlenker links, einen Schlenker rechts und rund 30 Minuten später sind wir wieder am Cirqular Quai angekommen und der befindet sich wie berichtet in Spukweite zu unserem Hotel. Heute liegt ein Schiff der Carnival Cruise Line im Hafen, gestern eine Royal Carribean und morgen wird es wiederum eine andere Reederei sein. Jeden Tag bringt ein anderes Schiff tausende motivierte und begeisterte Kreuzfahrer in die schöne australische Hafenstadt.

Thommi hat für den letzten Abend in Sydney sein Internet angeworfen und die vermeintlich besten Restaurants im Viertel anzeigen lassen. Machen wohl einige, denn in den genannten Läden ist es proppenvoll. Allerdings handelt es sich hier in „The Rocks" um kleinere, sehr niedliche Restaurants mit Charme und Atmosphäre. Höchstens 6 – 10 Tische befinden sich in den Szenelokalen und ein wenig Wehmut kommt bei jeder Absage auf. So machen wir einen kleineren Spaziergang durch den Bezirk, der uns erst so richtig hungrig macht und finden uns schließlich im irischen Pub wieder.

Dienstag 14.2.2017

Bis auf den kleinen Ausrutscher des Wetters am Sonntagnachmittag vor den Toren Sydneys wurden wir bisher verwöhnt und anders hatten wir es auch gar nicht erwartet. Heute ist es deutlich kühler als wir vor unserem Stammcafè beim Frühstück sitzen. Zur Abwechslung bedient uns heute eine neue Mitarbeiterin hinter dem Tresen und diese freut sich mit uns deutsch sprechen zu können. Wieder ein junger Mensch, der sich die Welt anschaut und am „work and travel" Tourismus teilnimmt. Wir beschließen ein Taxi zur Autovermietung zu nehmen und danach die Mädels am Hotel abzuholen. Einen Moment später im Taxi hadern wir mit der Entscheidung, da der morgendliche Stau kein Ende nehmen will und wir uns zu Fuß schneller wähnen. Der plötzlich einsetzende Regen stimmt uns aber wieder versöhnlich. Nach einer halben Stunde erreichen wir das Vermietungsbüro und freuen uns auf den kommenden Roadtrip durch den Süden Australiens. Den eigentlich vorbestellten Toyota Kluger bekommen wir leider nicht, aber einen Mitsubishi der gleichen Klasse. Abholung über die Straße, Tiefgarage 5. Stock. Im Dunkeln beschließen wir das Fahrzeug erstmal ans Licht zu bringen. Leider müssen wir beim ersten Check dann feststellen, dass die Rückseite des Beifahrersitzes lose ist und nach unten klappt. Der Filialleiter kümmert sich persönlich darum und bietet uns sofort einen anderen Wagen an. Gemeinsam fahren wir nun in den dritten Stock der Tiefgarage und das Licht des Fahrstuhls trifft auf einen schicken weißen Wagen. Jeep – nee doch nicht, der ist schon vergeben, stellt der Filialleiter fest aber wir bekommen einen wiederum ähnlichen. Im Gegensatz zu unserem „ersten" mit 36.000 hat dieser erst 6.000 Km runter und das ist doch viel besser. Das Auto sieht auch prima aus und nach einem halbstündigen Versuch das angeblich verbaute Navi zu starten, drückt man uns ein mobiles TomTom in die Hand. Gute Fahrt - Linksverkehr. Ich setze mich als erster hinter das Steuer und konzentriere mich total. Das mit dem Abbiegen klappt erstaunlich gut, aber irgendwie orientiere ich mich immer etwas linkslastig bis ich sogar die Bordsteinkante entlang schramme.

Unsere Frauen stehen schon gestiefelt und gespornt mit den Koffern an der Rezeption, da die Aktion doch ein wenig länger gedauert hat als geplant. Der zwischenzeitlich aufgehörte Regen fängt wieder an und wir verlassen im Nieselregen Sydney in Richtung Bateman's Bay. Viel Platz haben die Passagiere im Fond des Wagens nicht und mehr als unsere Koffer passen auch nicht in den Kofferraum. Zusätzlich wird der Komfort des Fahrzeugs nach den ersten Bodenwellen bemängelt und man zieht die ersten Vergleiche mit dem Chevy in Amerika. Ich lasse mich nicht anstecken und erläutere die kleinen Zwischenstopps auf diesem Abschnitt, die ich mir vorher überlegt habe. Zuerst gibt es in Kiama ein „Blowhole" zusehen. Der Regen hat zwar aufgehört, aber ein munterer auflandiger Wind mit entsprechendem Wellengang lässt uns das Naturschauspiel in vollem Umfang bewundern. Danach geht es weiter nach Geeringong, wo wir in einem kleinen feinen Café mit wunderschönem Klippenblick ein Käffchen genießen. Dazu gibt es süße und/oder würzige Muffins. Die würzigen Muffins begegnen uns hier zum ersten Mal und der Geschmack ist durchaus gewöhnungsbedürftig, da wir diese Küchlein gewöhnlich mit Süßem verbinden. Wir haben noch ein gutes Stück zu fahren und so verlassen wir das gemütliche Café und machen uns wieder auf den Weg. Nach einer Stunde biegen wir von der asphaltierten Straße ab und befahren unsere erste rote Schotterpiste. Diese entspricht unser aller Vorstellung von Australien. Vor uns der rote Sandbelag, cruisen wir durch einen Regenwald mit ganz ganz hohen Bäumen und Farnen am Boden. Riesige Farne bilden den Boden des Waldes. Sie lassen nicht einmal Platz für Termitenbauten, die sich deshalb entlang der Straße türmen. Am Ende dieser Straße liegt Pebbly Beach. Pebbly Beach ist ein kleiner grasbewachsener Strand in deren Halme sich das Salz bei Ebbe ablagert. Das ist eine Lieblingsspeise von Kängurus. Tatsächlich treffen wir hier auf unsere ersten freilebenden Kängurus. Ganz nah können wir an sie herangehen, ohne dass sie aufschrecken. Eher neugierig betrachten sie uns wie wir sie. Wir machen eine Menge Fotos von den süßen Beuteltieren und mit vollem Herzen geht es ins Hotel.

Es ist schon gegen 18:00 und so werden nur die Koffer in das Zimmer geschafft und hungrig suchen wir uns in dem kleinen Ort ein Restaurant. Es ist der erste Zwischenstopp außerhalb einer Großstadt und der Ort erweist sich als sehr überschaubar. Da trifft es sich, dass  nach wenigen Metern ein Steakhaus am Wegesrand steht. Die Einrichtung des Restaurants hat schon etliche Jahre auf dem Buckel, aber an den Wänden hängen diverse Auszeichnungen für die Steaks. Wir nehmen sowohl Fisch als auch Steak und sind alle mit dem Essen hoch zufrieden. Auf dem Balkon von Katrin und Thommi schlürfen wir noch ein kaltes Gutenachtbier und lassen den erlebnisreichen Tag Revue passieren, dann geht es ins Bett

Mittwoch 15.2.2017

Ein continentales Frühstück haben wir heute im Hotel und tatendurstig stärken wir uns mit Toast und Marmelade. Ein Käffchen und Orangensaft runden das morgendliche Mahl ab. Bereits seit Sydney folgen wir dem Princess Highway, der parallel zur Küste verläuft

und immer wieder an der tasmanischen See bzw. dem südlichen Indischen Ozean führt. Und wenn es mal ein wenig durch das, nicht weniger beschauliche, Binnenland geht, dann scheuen wir keinen Umweg der uns direkt an eine Küstenstraße bringt. Ein Highway in Australien bedeutet, um das mal zu erklären, eine einspurige asphaltierte Straße mit Gegenverkehr und einer erlaubten Höchstgeschwindigkeit von 100 Stundenkilometern. Und hier hält sich jeder an die Regeln. In Narooma überqueren wir eine alte kleine Stahlbrücke mit Holzbelag, auf einem Highway wohlbemerkt. Das Wasser schimmert smaragdgrün und wir suchen uns einen Parkplatz, um dieses Idyll noch einen Moment mehr aufzusaugen. Am Rand des Wassers, nur durch einen Fußweg getrennt, liegt ein kleiner Campingplatz. Thommi lacht sich gleich eine kleine Freundin an. Eher skeptisch betrachtet das Mädchen Thommi als er ihr aufhelfen will, aber bei der nächsten unfallfreien Übungsrunde auf ihrem neuen Fahrrad strahlt sie ihn schon an. Es sind die kleinen Dinge, die das Herz erfreuen, denn viel liegt heute nicht am Wegesrand. In Bega gibt es eine Käsefabrik und da unser heutiges Domizil fern ab von Restaurants liegt, wollen wir für Abendbrot und Frühstück selber sorgen. Wir halten an der ersten privaten Käserei, probieren uns durch die verschiedenen Käse und erstehen etwas Käse und Brot. Kurze Zeit später entdecken wir die „richtige" Käserei von Bega. Einen Industriebetrieb der den ganzen Süden Australiens mit Käse versorgt. Der Fabrikladen hat längst nicht den Charme der privaten Ziegenkäsefarm,

 aber auch hier wird gekostet und gekauft. Das nächste Ziel heißt Eden. Hier parken wir das Auto zentral und laufen ein wenig durch den Ort. Bisher sehen diese Orte alle gleich aus. Es gibt eine Hauptstraße an der sich die verschiedensten Gewerbe befinden, alles etwas mitgenommen um nicht zu sagen heruntergekommen. An den parallelen Nebenstraßen befindet sich in der Regel eine öffentliche Toilette, der Seniorenclub mit seiner Bowl-Anlage und eventuell einige Nahversorger sowie ein Liquorshop. Alkohol darf in Australien nur mit spezieller Lizenz verkauft werden und die Läden dürfen nur ab 18 Jahren betreten werden. Bowling ist der wichtigste Sport im Seniorenbereich. Auf einer Kunstrasenfläche mit den Ausmaßen einer Curlingbahn werden Kugeln, mit den Maßen einer Kegelkugel, möglichst nah in das Zentrum des Hauses gebracht (analog zum Curling).

Oftmals befinden sich mehrere Spielbahnen nebeneinander und wo wir auch hinkommen, wird eifrig gespielt. Zurück zur Stadt Eden. Dieses gottverlassene

Nest hat vor einen Kreuzfahrthafen zu bauen. Es liegen uns Bildbeweise vor und die Verwirklichung dieses Plans werde ich in den nächsten Jahren verfolgen. Sicher, man kann von diesem Ort zu herrlichen Walbeobachtungen starten, aber deshalb einen Kreuzfahrthafen anzulegen, erscheint mir doch ein wenig übertrie-

ben. Mal sehen was aus diesem vergessenen Ort noch wird. Zumindest gelingt es uns hier noch ein wenig Marmelade, Philadelphia, Wasser, Bier und Wein zu kaufen. Somit sind wir am Abend versorgt.

Ein Hinweisschild deutet das Nahen unseres heutigen Nachtlagers an. Wir verlassen die Hauptstraße und dringen auf der Schotterpiste immer tiefer in den Regenwald. „Gipsy Point Lakeside" steht nach 20 Minuten Fahrt auf einem Schild. Aus dem Nichts taucht eine kleine Appartementanlage auf, eingebettet in einen Wald, direkt an einem See – mitten im Paradies. Während wir aussteigen, entdecken wir auf einer kleinen Wiese direkt neben dem kleinen Parkplatz an der Rezeption eine Herde von freilebenden Kängurus. Sie grasen, springen und gucken in der Gegend herum ohne auch nur Notiz von uns zu nehmen. Der Besitzer begrüßt uns herzlich und schnell stellt sich heraus, dass er unsere Sprache spricht. Er kommt aus der Schweiz und das Hilton hat ihn einst nach Australien verschleppt. Hier hat er sich sein Paradies geschaffen, welches er mit seinen Gästen teilt. Die Appartements sind groß, verfügen über zwei Schlafzimmer und zwei Bäder. Von der großen Küche und dem behaglichen Wohnzimmer gelangt man auf die Holzterrasse. Und wer hier einmal gestanden hat, der wird das nie wieder vergessen. Unverbaubar der Blick, von jedem der Appartements, auf den sattblauen See und die Bäume drum herum leuchten in den verschiedensten Grüntönen. Wir schlagen uns noch ein wenig durch das Unterholz des nahen Waldes, besuchen zwei Angler am Steg des Sees und beobachten die Herde Kängurus beim hoppelnden kreuzen der schmalen Schotterpiste. Danach genießen wir unseren Käse und den Wein auf unserer Terrasse. Das Ambiente rund um den See wirkt surreal. Man erwartet immer ein Rascheln der Bäume, die Zweige teilen sich und eine Gruppe von Tieren kommt an das Wasser um zu saufen. Verstärkt wird dieses Gefühl durch die Laute des kreischenden „Kookaburra". Dieser Vogel hört sich an wie eine Horde kreischend lachender Affen die in den Bäumen haust.

Donnerstag 16.2.2017

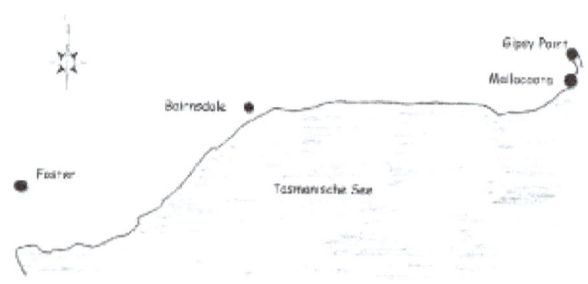

Ich sitze seit geraumer Zeit auf der Terrasse bei einem Kaffee und genieße die aufgehende Sonne und die Stille. Meine surrealistische Umgebung hat sich über Nacht nicht viel verändert. Zu mir gesellen sich zwei bunte Kleinpapageien. Verliebt turtelt das Pärchen mit dem rot grünen Gefieder und ab und zu schauen sie von der Überdachung auf mich hinab. Wir frühstücken inmitten dieser unbeschreiblichen Natur auf der Terrasse und packen dann langsam unsere Sachen wieder zusammen. Beim Befüllen des Kofferraums treffen wir auf unsere Nachbarn, die aus Hamburg kommen und einen Teil unser noch vor uns liegender Tour schon in umgekehrter Richtung hinter sich haben. Wir tauschen uns ein wenig zum bisher erlebten aus und geben Tipps für das was da noch kommt. Schnell kommen wir auf die unbefestigten Straßen zu sprechen und schon parliert Thommi zu seinem Lieblingsthema; dem Auto. Unter dem Vorwand nach der, für das Otway, empfohlenen App zu schauen, löse ich mich von den Dreien und verabschiede mich vom Ausblick. Als ich mit dem Koffern und den Frauen wieder zum Auto komme, verabschieden sich unsere redseligen Nachbarn und wir machen uns schweren Herzens auf den Weg. Wir konnten uns heute ein wenig mehr Zeit lassen, da unsere heutige Etappe keine großen Erlebnisse verspricht. Wir machen noch einen kleinen Abstecher nach Mallacoota. Unser Vermieter hat uns den abenteuerlichen „Nature Walk" zwischen dem Salzwassersee und der Steilküste empfohlen. Gut eine Stunde verbringen wir auf dem verschlungenen Spazierweg und schauen immer wieder nach Spuren von möglichen Schlangen und Echsen, vergeblich. Der Princess Highway verlässt auf dem Weg nach Foster, unserem heutigen Nachtlager, die Küste und wir fahren nun durch eine steppenähnliche

Landschaft. Ab und zu treffen wir auf eine Schafherde, ansonsten sehen wir ein Land ohne erkennbare Grenzen. Mag sein, dass diese Landschaft ein wenig langweilig erscheint, es kann aber auch sein, dass unser morgendlicher Trip über die unbefestigte Straße oder aber unsere gestrigen Nachbarn das kommende Thema an die Oberfläche bringt. Es geht um unser Auto. So richtig zufrieden sind die Frauen nicht mit dem Komfort im Fond und Thommi stört die mangelnde Leistung des Motors und auch er ärgert sich, das Mäuschen, so nennt Thommi liebevoll seine Katrin, nicht genug Komfort erfährt. Dazu kommt das ständig rauschende Radio, welches scheinbar keinen Radiosender  außerhalb von Großstädten speichern kann und das Satellitenradio funktioniert auch nicht. Stakkato artig prasselt die Kritik auf mich ein. Ich bin immer noch der Meinung, dass es ausreicht, wenn das Auto vier rollende Reifen hat, die Musik über Handy gehört wird und wir alle Koffer plus einer Palette Wasser im Kofferraum haben. Schließlich haben wir es nicht anders gewollt und uns für dieses Auto in Sydney entschieden. Den Frieden zwischen uns stört das Thema aber nicht und so erreichen wir wohlgelaunt Foster. Das Hotel, ein Comfort Inn, befindet sich direkt am Eingang des Ortes. Wir beziehen unsere ungewöhnlichen Zimmer und sind zum ersten Mal ein wenig weiter auseinander untergebracht. Gegenüber den Räumlichkeiten von Katrin und Thommi haben wir ein sehr großes Zimmer. Das liegt mit Sicherheit auch an dem riesigen Whirlpool, der sich in unserem Wohn-/Schlafzimmer befindet. Ich schaue kurz Richtung Fenster, aber ich kann keine roten Herzen oder einen Kussmund entdecken.

Der Ort ist extrem klein. Von der Kreuzung in der Mitte der „Stadt" erstrecken sich drei Straßen von einer Länge bis zu 100 Metern, dann ist auch schon Schluss mit Nahversorger oder Restaurants. Zu e-ssen bekommt man hier tatsächlich nur in einem Restaurant, der China-Imbiss macht gerade Ferien. Keine Ahnung seit wann und wie lange. Bei dem Restaurant handelt es sich um ein, schon etwas in die Jahre gekommenes, Ecklokal. Eben genau in der Mitte des Ortes. Es besteht aus einer Bar, die über den Eingang an der Ecke zu erreichen ist und direkt nebenan befindet sich das Restaurant mit dem Eingang in 10 Meter Entfernung. Um mal einen generellen Eindruck der Restaurants in den Herzen der kleinen Städte in Australien zu vermitteln, stelle man sich folgendes vor: Nach langem Ritt erreicht der Cowboy die langersehnte Ortschaft. Er nimmt Kurs auf das Haus in der Mitte des Ortes, den Saloon. Links und rechts der Schwingtür befindet sich der überdachte Boardwalk und durch ein paar Fenster kann man ins Innere blicken. Im ersten Stock befindet sich der durchgehende Balkon, der über die Hotelzimmer erreicht wird. Der Cowboy steigt vom Pferd und macht es an der Stange vor dem Saloon fest. Ersetzen wir die Stange durch eine Parkuhr, das ist auch schon alles. Ansonsten sieht es immer noch aus wie anno 1860. Drinnen findet man einen großen Saal, der der Nahrungsaufnahme dient und nicht zum Verweilen einlädt. Die Bestuhlung stammt aus den frühen dreißiger Jahren. An der Wand kurz unter der Decke laufen mehrere Fernseher mit unterschiedlichen Programmen. Die Bar ist von beiden Seiten ansteuerbar, man schaut direkt hinein. Betreten darf man die Bar erst ab 18 mit Dart und Billard. Das Essen wird an einer kleinen Durchreiche in der Wand bestellt, dahinter die Küche. Kantinenmentalität. Aber trotz dem unwirtlichen Ambiente ist der Laden voll, es ist eben das einzige Lokal für Einwohner, Camper und Hotelgäste, und das Essen ist von erstaunlich guter Qualität. Den Abend beenden wir bei einem Gläschen Wein in unserem geräumigen Zimmer.

Freitag 17.2.2017

Auch wenn in unserem Hotel das Frühstück durch den Inhaber am Vortag bereits wärmstens empfohlen wird, verspeisen wir gemeinsam in unserem Zimmer die Überbleibsel des vorherigen Tages. Freundlicherweise stellt uns der Hotelchef Teller und Besteck zur Verfügung. Thommi bringt noch den Toaster aus seinem Zimmer mit und gemeinsam sorgen wir, durch einige verbrannte Krümel im Toaster, für das mehrmalige Aufheulen des Rauchmelders. Frühsport – ich stehe bei

offener Tür im Zimmer und schwinge das Duschhand-
tuch wie ein Lasso über meinen Kopf. So vermeiden
wir einen Besuch der Feuerwehr, falls es hier überhaupt eine gibt, und genießen dennoch unsere Weiß-
brotscheiben mit Röstaromen. In der gesamten Anlage
des Motels herrscht schon reger Betrieb und viele Gesichter kennt
man vom gest-
rigen Abend
im Restaurant.
Foster ist ein
einsamer aber
beliebter Aus-
gangspunkt für
den National-
park Wilson
Promontory.
Thommi hatte
auf seinem
Abreißkalender
von 2016 ein
Foto des Na-
turparks und

wollte diesen unbedingt besuchen. Wir entscheiden uns
für den „Lilli Pilly Gully Walk" am Mt. Bishop und
stellen das Auto nach einer halbstündigen Fahrt direkt
vor dem Einstieg des Rundweges auf einem kleinen
Parkplatz ab. Gut zwei Stunden sind wir auf dem
Rundkurs unterwegs. Auf dem weichen schmalen

Wanderweg geht es ständig auf und ab. Anfangs ist die Flora noch relativ niedrig, aber bald wandeln wir durch sehr hohen Baumriesen und Megafarnen. Der „botanische Eingang" zur üppigeren Vegetation wird von kreischenden Kakadus bewacht. Sie sitzen direkt über dem Weg in den Bäumen und begrüßen jeden Besucher mit einer Kakophonie. Am Scheitelpunkt befindet sich ein angelegter Boardwalk über ein Sumpfgebiet. Neugierig halten wir nach Wasserschlangen oder dicken Fröschen Ausschau – vergeblich. Lediglich ein paar Kakadus hatten uns auch hier am Eingang der Baumriesen begrüßt, ansonsten ist kein gefährliches Tier zu sehen. Als sich der Spaziergang langsam dem Ende nähert, können wir von einer Anhöhe das Wasser sehen. In seichten Buchten rollen die kleinen Wellen des Arktischen Ozeans an die sandigen Strände. Jeder von uns hatte zwei 600 ml Wasserflaschen mit auf die Wanderung genommen. Diese sind inzwischen ausgetrunken und ein wenig erschöpft erreichen wir wieder den Parkplatz. Kurz vorher informiert uns ein bebildertes Schild über einen verheerenden Waldbrand, der hier vor 8 Jahren alles niedergebrannt hat. Wir wissen das die Natur solche Brände braucht und die üppige Flora hat gezeigt, dass die Holzkohle ein guter Nährboden ist. Vielleicht erholt sich die Fauna nicht so schnell und die Tiere haben hier noch keinen neuen Lebensraum gefunden.

Einen kurzen Abstecher zum General Store im Naturschutzgebiet machen wir noch, dann nehmen wir Kurs auf Melbourne. Hier steht noch am heutigen Abend das Cricket Länderspiel zwischen Sri Lanka und Australien auf dem Plan. An Bord herrscht heute eine noch bessere Stimmung als gewöhnlich. Ich habe beim Frühstück meinen Plan verlauten lassen, das Auto doch in Melbourne zu tauschen. Die Hertz Filiale ist schnell ausfindig gemacht und mangels Parkplätzen rauschen wir in die Enge der Tiefgarage, erklären unser Anliegen und fegen mit den Papieren Richtung Büro. Anfangs werden wir in aller Freundlichkeit begrüßt, aber mein Ansinnen stößt auf wenig Gegenliebe und der Ton wird gerade etwas schärfer, da macht der Bürohengst einen entscheidenden Fehler. Er blättert im Katalog der zur Vermietung stehenden Kategorien und ich entdecke tatsächlich einen Klassenunterschied zwischen dem überlassenen und dem gebuchten Auto. Der Fall ist eigentlich geklärt, aber leider sieht sich unser gegenüber, mangels ausreichenden Stellplätzen, nicht in der Lage zu Montag das passende Fahrzeug bereitzustellen. Knurrend verlassen wir diese Tiefgarage um ein paar Straßen weiter in die noch unüberschaubarere Garage unseres hiesigen Hotels abzutauchen. Wir wohnen wieder sehr zentral und das Personal empfängt uns sehr freundlich. Man erklärt uns sofort die Umgebung des Hotels, erklärt uns auf die kostenlose Nutzung aller Tramlinien in der Innenstadt und letztlich auch den

Weg zum Cricket Stadion mit den öffentlichen Ver-
kehrsmitteln.

Routiniert inspizieren wir die Zimmer, machen uns
kurz frisch und laufen die gut 100 Meter bis zur Tram-
haltestelle. Bis zum Stadion kommen wir nicht ganz
umsonst. Zwei Stationen müssten bezahlt werden, aber
die Bahn ist so voll, dass wir das Risiko auf uns nehmen. Geschafft, vor uns liegt ein Ensemble von verschiedenen Sportstätten und unter ihnen auch das riesige Cricket Stadion mit seinem Fassungsvermögen von
70.000 Zuschauern. Natürlich steht nach der weltweit
üblichen Taschenkontrolle erstmal eine Inspektion des
Stadions an. Wir befinden uns in der Fressebene. Hier
kann man sich mit den verschiedensten Angeboten satt
essen und das Ganze mit diversen Getränken runterspü-
len. Richtung Spielfeld dehnt sich noch ein flaches
Tribünenrund aus und über uns befinden sich noch
zwei weitere Etagen. Eine Stadionmitarbeiterin verteilt
riesige Becher aus Pappe und unwillkürlich suche ich
den Kentucky Fried Chicken Stand für diese mutierte
200 Teile Box. Die Mitarbeiterin strahlt mich an und
fragt sofort, nachdem sie einen Becher an mich losge-
worden ist, wo wir herkommen und ob wir schon einmal da gewesen sind. Spontan entschließt sie sich zu
einer kleinen Führung. Sie erklärt einen Ordner ihr
Vorhaben und schon passieren wir eine bisher ver-
schlossene Tür und nähern uns dem heiligen Grün.
Leider dürfen wir auch hier das Grün nicht betreten,

sollen aber trotzdem fröhliche Gesichter machen, während sie dutzende Fotos von uns macht. Danach bekommen wir noch den Tipp von ihr, wo man den besten Rundblick auf das Stadion hat. Wir gehen Ihrer Erklärung auch nach und können dies recht unbehelligt tun. Das Stadion füllt sich nur zögerlich und ich stelle mir die Frage, ob das an den horrenden Preisen liegt oder an der vermeintlich mangelnden Attraktivität des Gegners.

Unterschiedliche Essenswünsche lassen uns kurz auseinanderstoben bevor wir uns mit vollen Händen wieder tref-  fen. Ein Bier in der linken, das Essen in der rechten Hand. Der Vorraum, in dem wir jetzt Platz genommen haben passt zum Essen, ziemlich grausig. Das schlechteste, was wir bisher bekommen haben und ich schätze und hoffe, es wird auch in den nächsten Wochen nicht überboten. Eigentlich wollten wir ja auf unseren Plätzen essen, aber da hat man uns leider nicht durchgelassen. Das lag nicht an unseren Essen, sondern an den Getränken und die Situation entbehrt nicht einer gewissen Komik. Ich tankte mich forschen Schrittes an einer Platzhilfe vorbei, als ich schon bestimmt von ihr zurückgerufen wurde. „Dry Zone" sagte sie freundlich und ich stimmte ihr zu. Es war kalt geworden und ich erwiderte „Ja, ich bin auch glücklich, dass wir nicht nass werden, falls es regnet". „Oh no,no , dry zone means no alcoholic drinks in this area". Witzig und ein wenig peinlich zugleich. Ich erinnerte mich jetzt daran, wie stolz ich war, vier günstige Tickets (umgerechnet 23 Euro) online ergattert zu haben. Es ist der Familienbereich. Der bedingt keine alkoholischen Getränke, aber 100 Euro pro Karte waren mir dann doch zu viel.

Es bleibt überschaubar im weiten Rund. Auch als das Spiel schon begonnen hat. Sri Lanka ist das bei weitem bessere Team und die meisten Besucher im Stadion sind Lankinesen. Das ganze Spiel zieht sich ein wenig, um nicht zu sagen, es ist sterbenslangweilig. Ständig rennt einer mit dem Ball ein paar Meter, wirft diesen wie eine Frau in Richtung des Gegners, der dann mit einem Schläger versucht den Ball zu treffen. Wenn dieser den Ball trifft, rennt dieser nun seinerseits zwischen zwei 10 Meter entfernten Pfosten hin und her, bis die Kumpels des Werfers den Ball zurückbringen. Gezählt wird dann wie oft er hin und her gerannt ist. Nach zwei Stunden ist Pause und wir trinken noch ein Bier im Stehen an der Balustrade zur „Dry Zone". Es ist mächtig kalt hier in Melbourne und eine halbe Stunde später, es ist bereits 22:30, beschließen wir den Abmarsch. Diesmal laufen wir die zwei Stationen und steigen dann in die kostenlose Tram. Die Bar im Hotel ist um 23:15 schon zu, aber für uns war es auch ein langer Tag und wir gehen ins Bett.

Samstag 18.2.2017

Der morgendliche Blick aus dem Fenster lässt mich erschaudern. Die Menschen, die schon unterwegs sind, tragen Daunenjacken und Mäntel. Das Einzige warme was ich dabei habe, ist mein flauschiger Hoodie. Wir genießen das mitgebuchte Frühstück und planen den Tag. Wir haben die beiden Zimmer über zwei unterschiedliche Anbieter mieten müssen und in einem Arrangement war das Frühstück inbegriffen, das zweite spendiert man uns scheinbar. Ich habe in der Tram einen Zettel gesehen, der auf Verkehrsbehinderungen in der Samstagnacht aufmerksam macht und frage im Hotel nach der möglichen abendlichen Unterhaltung. Es ist „white night" an diesem Samstag. Von 7 Uhr abends bis 7 Uhr morgens findet diese in der Innenstadt statt. Was haben wir wieder einmal für ein Glück. Aber zuerst nutzen wir den Tag.

Wir nehmen die nächstbeste Tram und fahren bis zur Flinders Station. Das ist der Hauptbahnhof und die Schlagader der Stadt. Der Stadt mit dem größten und ältesten Straßenbahnnetz der Welt. Diese und andere nützliche und unnütze Informationen erhält man in der „Circle Line". Ebenfalls kostenlos, fährt sie im Kreis um die Innenstadt und erklärt an jeder Station das bemerkenswerte an diesem Halt und seiner Umgebung. In

dem hier ansässigen Tourismusbüro erkundige ich mich trotzdem noch nach einer deutschsprachigen Stadtführung, die laut Internetrecherche angeboten wird.

Leider gibt es die nächste Führung in unserer Muttersprache erst am Dienstag, aber da haben wir die Stadt schon wieder verlassen. Folgerichtig lasse ich uns für die Führung am nächsten Tag in englischer Sprache eintragen und verschwinde wieder in Richtung der Frauen. Die warten am Haupteingang des Flinders und sind inzwischen mit eisgekühlten Coffees mit doppeltem Koffeingehalt versorgt worden, die eine Gruppe von Promoter kostenlos verteilen. Den ersten Schluck nehmen wir sofort und aufgedreht geht es die Swanstonstreet hinauf.

Während zur linken eine gotische Kirche steht, reiht sich rechts ein Fast Food Restaurant an das Nächste. Vor der Kirche, auf einem schmalen Grünstreifen, wird die Statue von Matthew Flinders bereits für den Abend geschmückt. Ein wenig sieht die Statue wie König Kameamea aus, was uns spontan wieder an Hawaii denken lässt. Wir passieren danach den imposanten Bau der Bücherei und reihen uns als Lebende unter drei bronzene Stadtspaziergänger. Die grüne Tram der Circle Line lässt uns Bewusst werden, dass wir schon das Stadtinnere durchquert haben.

Wir warten auf die nächste Tram und quetschen uns in den Wagon. An der dritten Station, Flagstaff Gardens, erklärt das Tonband die Nähe des Queen Victoria Marktes. Ich ziehe an der durch den gesamten Wagen gespannte Klingelleine damit der Fahrer anhält. Natürlich wäre das nicht nötig gewesen, da an jeder Halte-stelle eine Menge von Touristen ungeduldig wartet, aber es macht einfach Spaß. Wir wählen den Weg durch die Parkanlage des Flagstaff Garden mit dem Ausguck des Separation Memorials, der uns bis zu den Docklands Melbournes gucken lässt. Auf einer Wiese spielen ein paar tollkühne Sportler Fußball der beson-deren Art. Sie stecken alle in einem großen Ball aus dem nur die Beine und der Kopf herausschauen. Mit Bravour rennen sie mit den kurzen Beinen in Richtung des Balles und prallen aneinander, um im nächsten Augenblick voneinander abzuprallen. Die durchsichtigen Bälle oder Airbags kugeln mit ihren Spielern in der Gegend herum. Keiner der Spieler kam auch nur in die Nähe des Balles, der ebenfalls etwas überdimensioniert ist. Das Ganze sieht saukomisch aus und wir schauen ein wenig zu, während hinter uns, quasi als Kontrastprogramm, eine junge Asiatin einen Tanz einübt. Schweigend, mit ernstem Gesicht und dicken Kopfhörern bewegt sie sich geschmeidig zu den uns unzugänglichen Melodien.

Auf der anderen Straßenseite beginnt der Markt. Auf den ersten Blick erschließt sich die Faszination nicht, die von diesem geschichtsträchtigen Markt ausgehen soll. Die ersten Gänge sind voll mit Ständen, die unnützen Tand anbieten. Danach kommen zahlreiche Gänge mit T-Shirt Ständen. Der Grundstock ist immer gleich und die Preise sind abnorm billig. Eigentlich verbietet es sich hier etwas zu erstehen, aber ein Shirt gefällt mir dann doch und da es am achten Stand nur noch die Hälfte kostet, kaufe ich es, Schnäppchenjäger. Meine Begleiter sind nicht begeistert und so freuen wir uns umso mehr, als wir in die Obst- und Gemüseabteilung gelangen. Alles nur denkbaren Obst und Gemüse ist hier zu Pyramiden gestapelt und glänzet um die Wette. Dazu schreien die Marketender laut gegeneinander an um ihre Waren an den Mann zu bringen. Als wir diese Halle verlassen, finden wir uns auf einem kleinen Platz wieder, auf dem verschiedene Kostbarkeiten zum sofortigen Verzehr angeboten werden. Bine interessiert sich besonders für einen Zuckerrohrsaft und dessen Herstellung. Vor unseren Augen wird das Zuckerrohr zerschnitten und gepresst und wir können den austretenden Saft probieren. Der Geschmack ist nur wenig süß, eigentlich recht geschmacksneutral. Die freundliche Verkäuferin bietet uns nach den ersten Schlucken und unseren daraus resultierenden enttäuschten Gesichter einen Schuss an. Wir können wählen zwischen Ananas und Limette. Mit dem Spritzer Limettensaft bekommt das Getränk einen tollen intensiven Geschmack. Frisch gestärkt begeben wir uns in die feste Markthalle. Hier geht es nun um Fisch und Fleisch, die genauso prachtvoll präsentiert werden wie das Obst und Gemüse. Während wir alle möglichen heimischen Fische entdecken, macht sich bei den Fleischsorten das landestypische rar. Nur ein Stand bietet Fleisch vom Känguru an. Emu und Krokodil suchen wir vergeblich. Auch auf den Speisekarten der Restaurants, die wir bisher besucht haben oder auf die wir einfach mal nur so geschaut haben, haben wir vergeblich nach diesen Fleischsorten gesucht. Am Ende der Markthalle wird es noch einmal international. Belgische Schokolade, französische Tarts und deutsche Wurst werden aus verschiedenen historischen Ständen angeboten. Als wir die Halle schließlich verlassen, entdecken wir die Schönheit dieses Gebäudes. Da haben wir wohl von der falschen Seite angefangen.

Wir spazieren zur Straßenbahn zurück und nehmen erneut die Circle Line, diesmal Richtung alten Hafen. Hafen ist vielleicht zu viel versprochen. Es handelt sich um einen etwas breiteren Stich vom Yarra River. Das Wetter hat sich nicht sonderlich gebessert. Es ist immer noch zu kühl für diese Jahreszeit. Die Umgebung des alten Hafens passt sich der Tristess des Himmels an. Wenigstens finden wir in der Universitätsbücherei Schutz vor

einem
leichten
Regen-
schauer.

Nachdem
der Regen
aufhört
steigen
wir in die
nächste
Straßenbahn und begeben uns auf die andere Seite der Stadt. Ziel ist das Gelände des nationalen Museums Melbourne. Eine bunte Mischung von Gebäuden im Victorianischen Stil und postmoderner Architektur. Das Besondere: Siemens, Thommis vergötterter Arbeitgeber, wird sich um die komplette Technik dieser Gebäude kümmern. Da muss er natürlich Fotos von allen Seiten machen, um diese dann zu Hause den Arbeitskollegen zeigen zu können. Das nenne ich mal

corporate identity. Direkt gegenüber vom Museumsgelände grenzt der neue hippe Szene Bezirk Melbournes, Fitzroy. In den letzten Jahren ist dieser Bezirk mit seinen alten Eckkneipen und neuen Szenecafés besonders bei jungen Leuten beliebt. Wir finden den „Working Club" als angemessenes Lokal für eine kleine Snackpause mit dem entsprechenden Bier dazu. Kaum sitzen wir auf einem der Barhocker an den runden Tischen im gemütlichen Schankraum, haben sich die Wolken verzogen und die Sonne blinzelt durch die trüben Scheiben. Bei so einem schönen Wetter entschließen wir spontan nur zwei Stationen zu fahren und den Rest nach Hause zu laufen. Eine sehr gute Entscheidung. Wir queren den Yarra River direkt hinter der Flinders Station und befinden uns sofort im Bezirk Southgate. Das ist das Pendant zu dem alten Bezirk Fitzroy. Hier, am südlichen Ufer des Yarra River, ist alles neu. Aufgereiht wie an einer Perlenschnur bieten sich Restaurants jeden Geschmacks an. Alle mit einer überdachten schick möblierten Außenterrasse. Die Hälfte der Restaurants ist Bestandteil des riesigen Hotelkomplexes des „Crown". Wir flanieren an den Restaurants vorbei in Richtung Hotel, gehen sogar noch ein Stück weiter am Fluss entlang. Viele Menschen kommen uns mit Taschen entgegen, die eine Einkaufsmall in der Nähe vermuten lassen. Das haben wir in Australien ja noch gar nicht gesehen, geschweige denn besucht. Auch heute wird nichts aus dem Besuch, da die Geschäfte hier gleich schließen. Es ist inzwischen schon kurz vor

19:00 Uhr. Das heißt für uns ab ins Hotel, kurz frisch gemacht und dann ab in die „white night". Wir nehmen den Weg über das entdeckte Southgate und suchen uns einen Italiener, um uns für den Abend zu stärken. Die vielen Menschen, die am Southgate flanieren, sind sehr gut angezogen und scheinen sich alle auf die Nacht zu freuen. Auch wir steuern gesättigt die Flinders Station an und überqueren die stylische Brücke von heute Nachmittag. Da es inzwischen dunkel geworden ist, ist an den Ufern alles bunt beleuchtet und selbst die Kanuten, die sich eine nächtliche Paddeltour auf dem Yarra River gönnen, haben bunte Lichter auf dem Kopf und am Kanu.

Die Massen strömen durch die Straßen und feiern Ihre Nacht. An vielen Ecken wird Musik gemacht und fliegende Händler bieten Snacks und Getränke an. Allerdings keinen Alkohol. Die gesamte Innenstadt wurde zur Dry Zone erklärt. Kurz hinter dem Tourismusbüro, an der Flinders Station, gibt es eine Lichtershow. Die Show zeigt Motive verschiedener Märchen und Fabeln und projeziert diese an die Häuserwände. Die Bilder reichen über einen gesamten Straßenzug. Auch in der gotischen Kirche wird gefeiert und rund um König Kameamea, inzwischen mit einem Bananenröckchen versehen, tanzen die Menschen. Aufgrund der vielen Menschen ist es auch nicht mehr kalt und das ist sehr angenehm, um diese Nacht zu genießen. Kurze Zeit später kommt es zum Stau der flanierenden Menschen. Eine Gruppe Breakdancer hat sich mitten auf der Straße zu einer „wilden" Performance entschlossen. Im Kreis stehen die Leute um die Tänzer herum und freuen sich über die gelungene Einlage. Leider führt das zu einem Knäuel von Menschen, die sich links und rechts an der Aufführung vorbeidrängen wollen. Kein Wunder, dass man sich da aus den Augen verliert. Wir treffen Katrin und Thommi wieder an den bronzenen Spaziergängern und bewundern diese magische Nacht der Melbourner noch ein paar Straßenzüge weiter. Inzwischen entdeckt man auch hin und wieder ein paar alkoholisierte Mitmenschen. Dry Zone findet nur in den Straßen statt, die vielen Lokale schenken selbstverständlich Alkohol aus. Als wir der Meinung sind alle Attraktionen und Straßenbands gesehen zu haben, schlendern wir zur nächsten Station der Tram und fahren zurück zum Hotel. Die Bar im Hotel ist allerdings auch schon zu und somit verfügen wir über unsere eigene Dry Zone.

Sonntag 19.2.2017

Heute zieht es uns an den Strand. Nicht, dass das Wetter heute für einen Badetag spricht, ganz im Gegenteil, aber innerstädtisch haben wir fast alles gesehen. Außerdem gehört das unserer Meinung dazu und so machen wir uns auf nach St.Kilda. Wir benötigen nur 10 Minuten und schon sind wir am Strand von Melbourne. Es ist heute besonders windig und dieser Wind ist auch eisig. Warm angezogen, doppelte Schichten und winddichte

Regenjacke, machen wir eine Runde am Strand und gehen auch auf die Seebrücke.

Am Ende des befestigten Weges steht ein altes Häuschen, in dem zufrieden blickende Menschen sitzen. Sie sehen uns scheinbar das frösteln an und freuen sich im Warmen zu sitzen. Hinter dem Gebäude gibt es noch eine Mole und einen kleinen Holzsteg, der an der steinernen Mole vorbeiführt. Zu unserer Überraschung entdecken wir hier Zwergpinguine, die an der Mole in kleinen Höhlen oder Verstecken leben. Wir sind entzückt und fotografieren die possierlichen Frackträger in ihren kleinen

Höhlenverstecken. In unserem Rücken braut sich derweil ein schwarzer Himmel zusammen, der Schlimmstes befürchten lässt. Bevor wir durchweicht werden, flüchten wir in das Lokal. Hier macht man den hinteren kleinen Raum zusätzlich für uns auf und es heißt wieder: Käffchen.

Als der Regen aufhört können wir noch einen tollen Blick vom Wasser auf die ferne Skyline von Melbourne werfen. Dann besuchen wir noch, den im Reiseführer angepriesenen, Künstlermarkt an der Strandstraße von St.Kilda. Viele hat es heute nicht bewegen können ihre Sachen auszustellen, aber am Anfang müssen wir schon schmunzeln. Hier wird aus einem Foodtruck frisches Fleisch verkauft. Aber nicht für uns Zweibeiner, sondern die Besitzerin hat sich das Wohl des Hundes auf die Fahne geschrieben und bietet gesunde Fast Food für Hunde an. Der Künstlermarkt endet am Luna Park, ein kleiner für Australien typischer Rummel mit festen Fahrgeschäften für die Kleinen. Auch in Sydney gab es einen Luna Park, der identisch aufgebaut war. Es fängt wieder an zu tröpfeln und wir laufen zurück zum Auto. Dabei passieren wir ein altes Theater, welches gerade modernisiert wird. Fertigstellung bis Frühjahr 2017. Einen kleinen Moment wird Bauverzögerung, ich sage nur Flughafen BER, zum Thema, doch schnell stellen wir fest, dass in Kürze der Herbst in Australien beginnt. Ja, auf der Südhalbkugel, da sind die Jahreszeiten umgekehrt zu uns. Man ist hier also noch voll im Plan.

Nächste Station ist der Flughafen. Ich möchte morgen keinen Druck bei der Abreise verspüren und habe vorgeschlagen den Wagen heute schon zu tauschen. Vorbei am Albert Park, der Formel 1 Strecke in Australien, geht es Richtung Flughafen. Heute haben wir im Büro der Autovermietung mehr Glück. Die beiden Mitarbeiterinnen zeigen vollstes Verständnis für mein Anliegen und verschaffen uns in kurzer Zeit einen Toyota Kluger, das von Anfang an gewünschte Auto. Meine Mitreisenden sind voller Freude und als die Mädels im Fonds auch noch die Rückenlehnen zum Dösen verstellen können, herrscht breites Grinsen auf den Gesichtern. Es werden Kekse verteilt und ab geht es zurück in die nun noch engere Hotelgarage. Im Stadtverkehr in Melbourne gibt es im Übrigen eine gewöhnungsbedürftige Besonderheit. Durch die Straßenbahnen, die in der Mitte einer jeder Straße in Melbourne verlaufen, müssen sich Rechtsabbieger erst ganz links einordnen. Hier müssen sie dann warten bis der gesamte Verkehr an ihnen vorbeigefahren ist und die Ampel auf Rot springt. Dann erst bekommt man einen Pfeil, der einem das abbiegen ermöglicht.

Wir wechseln noch einmal das Verkehrsmittel und besteigen erneut die Tram. Wir fahren in den Fitzroy Gardens. Hier haben die Australier ihrem Entdecker ein

Denkmal gesetzt. Das Geburtshaus von James Cook wurde in England in 2.000 Einzelteile zerlegt und in diesem Park wiederaufgebaut. Wer Lust hat kann sich sogar verkleiden und sich in Kostümen von früher fotografieren lassen. Wir verzichten auf die Mühen der Verkleidung und machen uns lieber auf die Suche nach einem Hardrock Café. Laut Internet soll hier in der Nähe die Melbourner Dependance sein. Schlecht gepflegte Homepage müssen wir feststellen. Weder ein Lokal noch ein Shirt Shop ist zu finden. Dafür können wir viele Hochzeitspaare bewundern, die sich auf den Treppen des Parliament House ablichten lassen. Was uns jetzt noch fehlt ist das neu erbaute Viertel auf der gegenüberliegenden Seite des alten Hafens. Die Circle Line beschreibt auf ihrer Rundtour um die Innenstadt eine kleinen Schwenk Richtung Docklands. Wie einen Pfannenstiel wirkt diese kleine Schleife der Tram und

gleichzeitig ist hier auch die Endstation. Hier wurde alles neu geschaffen oder ist im Entstehen. Für die Nahversorgung der hier zukünftig Wohnenden sorgt ein Mall, die am heutigen Sonntag sogar noch offen hat. Aber viele Leute verlaufen sich hier nicht. Selbst

das stählerne Riesenrad, welches in keiner Großstadt mehr fehlen darf, dreht leer seine Runden. Am Wasser finden wir dann aber noch ein kleines Lokal in dem wir unsere trockenen Kehlen befeuchten können und uns ein wenig aufwärmen können. Wie von Zauberhand gelenkt, drückt sich in diesem Moment die Sonne durch die Wolken und wärmt uns durch die große Glasscheibe den Rücken. Langsam machen wir uns auf den Weg Richtung Hotel, beschließen aber dann sofort das Abendessen einzunehmen. Gestern haben wir auf dem Weg zur Einkaufmall, am Ende des Southgate, noch ein Fischrestaurant entdeckt, welches wir heute ansteuern. Wir finden im Inneren einen Platz und das ist auch gut so. Das Wetter in Melbourne hat sich all die Tage nicht verbessert. Es ist, wie es immer so schön heißt, für diese Jahreszeit zu kühl. Wir lassen uns noch einmal Fish` n Chips, in einem kleinen Szenelokal am

Ende des Southgate, schmecken und spülen das Ganze mit einem Victoria Bitter runter. Der Verdauungsspaziergang führt uns nochmal zur Flaniermeile des Southgate, wo heute deutlich weniger los ist. Wie wollen mal in das Hotel hineinschauen und staunen nicht schlecht als wir in ein riesengroßes Casino abtauchen. Ähnlich wie in Las Vegas ist der untere Teil dieses Hotels eine Zockerhöhle. Wir verzichten auf das Glückspiel und setzen unser Geld in Cocktails um. Abschlussrunde im Hotel Conrad on Batemans Hill. Morgen geht es weiter Richtung Westen.

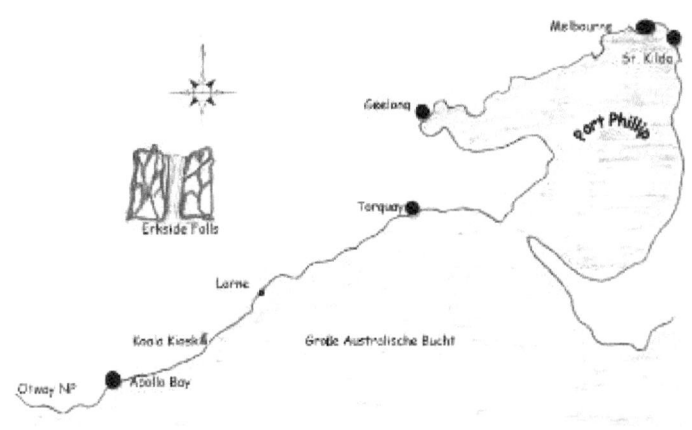

Um das Frühstück müssen wir heute ein wenig kämp-
fen. Wir hatten die Zimmer über zwei verschiedene
Anbieter buchen müssen. Das TUI Zimmer, inklusive
kontinentalem Frühstück, haben wir Katrin und
Thommi überlassen. Unser Zimmer hatte eigentlich
kein Frühstück inklusive, aber bei unserer Ankunft
genehmigte uns die freundliche Empfangsdame ebenfalls diesen Luxus. Die übereifrige Mitarbeiterin am
heutigen Morgen muss erst noch davon überzeugt werden, ergibt sich aber nach ein paar Minuten dem deutschen Redeschwall.

Wir verlassen Melbourne Richtung Süden und nehmen
Kurs auf die Grand Ocean Road. Diese beginnt unge-

fähr 100 Kilometer südlich von Melbourne und erstreckt sich über eine Strecke von mehr als 350 Kilo-

meter. Sie wurde hauptsächlich von heimgekehrten Soldaten des ersten Weltkrieges gebaut, gilt als eine der schönsten Küstenstraßen der Welt und wurde 1924 eröffnet. Bis dahin war der gesamte Küstenstreifen nur vom Wasser aus zu erreichen. Der erste Ort der uns an der Grand Ocean Road empfängt ist Torquay. Torquay ist ein traditionelles Surfrevier und wir lassen es uns nicht nehmen den goldenen Sand am Strand zu besichtigen. Außerdem nutzt Thommi die Zeit auf dem Parkplatz um einige Einstellungen am Auto vorzunehmen. Leider schaffen wir es nicht, die Einparkhilfe auch phonetisch übermittelt zu bekommen. Wir haben zwar die Rückfahrkamera, aber es fehlt der Piep. Immerhin klappt es in diesem Auto problemlos mit den Radiosendern. Da hatten wir ja schon ganz andere Erfahrungen mit dem vorherigen PKW gehabt. 4 von 5 Tagen verzweifelten wir am Rauschen im Radio, da es uns erst am letzten Tag gelungen war den richtigen Knopf für den Senderspeicher zu finden. Mit riesiger Vorfreude verlassen wir Torquay und gelangen an die Grand Ocean Road. Durch den Linksverkehr befinden wir uns auf der besseren Seite der Straße und können bei jedem Lookout bequem anhalten. Und von diesen Lookouts gibt es mehr als reichlich in Australien. Man ist sich hier der atemberaubenden Schönheit der Natur und Landschaft bewusst und alle Touristen sollen die Möglichkeit haben von den besten Plätzen diese zu beobachten. Trotz der vielen Stopps und Pausen, liegen wir gut in der Zeit und beschließen spontan einen Abstecher zu den Erkside Falls. Endlich wieder eine Schotterpiste. Mit den neuen Wagen sind diese Pisten noch weniger ein Problem und uns macht es sichtlich Spaß über die grobe rote Erde zu gleiten. Es ist wie ein Stückchen Abenteuer, zwischen den dichten Farnen und Termitenhügeln zu brausen und immer darauf achten, das uns nicht ein tiefes Schlagloch oder eine ausgewaschene Wasserrinne zum straucheln bringt. Wir

erreichen nach einer guten Viertelstunde Offroad den Parkplatz an dem Wasserfall. Ich finde es immer wieder erstaunlich, dass wir kaum einem Wagen begegnen und dann befinden sich auf den Parkplätzen meist schon 6 - 10 Autos. Zum Wasserfall geht

es nun zu Fuß weiter. Ich zähle neben dem abschüssigen schmalen Weg auch 290 Stufen. Wohl wissend, dass wir den Weg auch wieder zurückgehen müssen, genießen wir die Zeit am Fuße des Wasserfalls. Man könnte sich auch auf den vielen runden Steinen dem Wasser noch etwas nähern, aber das wird mir sofort verboten. Leider können sich noch Alle an meinen Sturz und den blutigen Folgen im Yosemite National Park erinnern. Auch da gab es die niedlichen runden Steine, die mir zum Verhängnis wurden und von denen ich Bine beinahe rücklinks ins Wasser geschmissen hätte. Der Rückweg, die besagten 290 Stufen plus einige steile Passagen auf schmalen Pfaden, ist auch anstrengend genug. Rund um den Wasserfall befindet sich eine subtropische Flora. Riesige Farne und große Moosflechten speichern die Nässe und sorgen für eine hohe Luftfeuchtigkeit, und dann noch bergauf. Mit Keksen und frischem Wasser belohnen wir uns für den hübschen Ausflug jenseits der Küstenstraße. Bevor wir nach Apollo Bay kommen, unserem heutigen Quartier, hoffe ich noch auf ein weiteres Highlight. Axel, mein Tenniskumpel und Besitzer des besten Reisebüros, hat mir auf einer Karte das Wort Koalas mit Pfeil markiert. Diesen Punkt werden wir auf dem Weg zum Quartier passieren. Die Mädels versuchen sich an den kleinen Wasserläufen, die von den Bergen in Rinnsalen die Küste erreichen, zu orientieren. Dabei passieren wir ein kleines Fressbüdchen, welches sich Koala Kiosk nennt. Als wir den Mercury River überqueren und die Frauen sich sicher sind, dass wir schon zu weit sind, bekommt der Name Koala Kiosk für mich eine neue Bedeutung. Ich kehre um und fahre zurück zum Kiosk. Tatsächlich

haben sich hier ein paar Leute versammelt, die kreischend einen kleinen Weg hinter dem Campingplatz benutzen. Ich habe den Campingplatz davor gar nicht gesehen, die Meute kreischender Italiener hat dafür den Koala nicht gesehen. Sie sind mit bunten Papageien beschäftigt, die sich frech auf Kopf und Schulter niederlassen, in der Hoffnung auf etwas Futter. In einem der vielen Eukalyptusbäumen am Rand des Weges sitzt ein Koala und schläft. Das machen Koalas 20 Stunden am Tag. Fast vier Stunden wird gefressen und 10 Minuten bewegen sie sich pro Tag. Selbstverständlich wird der Koala von allen Seiten beobachtet und abgelichtet. Alleine, dass wir nach oben schauen bringt in kurzer Zeit noch mehr Touristen in unsere Nähe die den Koala bewundern. Zwischendurch wird Bine noch von zwei frechen Papageien geentert. Ihr Hilferuf geht allerdings erstmals im Lacher von Katrin unter, die unbedingt erst ein Foto von der nun gebückten und kreischenden Bine machen will, bevor sie die Vögel verscheucht.

Seelig über die Sichtung des ersten wilden Koalas geht es wieder auf die Piste. Ohne Käffchen erreichen wir unser Comfort Inn im Badeort Apollo Bay. Das Hotel wird von zwei Chinesinnen betrieben. Sie fragen uns nach unseren Plänen und ergänzen diese mit einem Tipp zu einem weiteren sicheren Revier von ca. dreißig Koalas. Das ganze Leben in diesem Ort spielt sich an der Strandstraße ab, an der auch das Hotel liegt. Auf etwa 200 Meter befinden sich hier drei Hotels, vier Restaurants, zwei Souvenirläden sowie drei Frühstück-cafés. Ein Lebensmittelladen und eine Brauerei runden das Ganze ab. Das war dann auch schon wieder dieser Ferienort. Zwischen der Straße und dem Strand befindet sich ein breiter Grünstreifen auf dem ein Kinder-spielplatz und eine Skateanlage Platz gefunden hat. Selbstverständlich gibt es auch hier eine öffentliche Toilette, die in keinem Ort in Australien fehlen darf. Wir sind in dem Restaurant, welches am heutigen Abend unseren Zuschlag erhält, die einzigen Gäste. Bedient werden wir von einem jungen Weltenbummler, der in den letzten Zügen seines Auslandsjahres liegt. Angefangen in Amerika, erzählt er uns, beendet er sein erlebnisreiches Auslandsjahr nach bestandenem Abitur nun in Australien. Das Essen ist köstlich, aber sehr übersichtlich. Während Thommi und ich ein Nudelgericht mit Meeresfrüchten genießen, lassen sich die Frauen den „Catch off the day" schmecken. Einem festen Weißfisch mit unaussprechlichen Namen. Wie spazieren noch ein wenig am Strand entlang, dann war es das für heute. Ein erlebnisreicher Tag endet in einem netten Ort mit einem netten Hotelzimmer, leider wurde der Pool inzwischen betoniert und bietet keine Erfrischung mehr. Dafür hat man jetzt einen Grill auf den Beton gestellt.

Dienstag 21.2.2017

Im morgendlichen Sonnenschein sitzen wir auf dem Bürgersteig an einem der zwei Tische eines winzigen

Frühstückcafés und genießen warme Croissants und lecker belegt Muffins. Dem Rat

unserer chinesischen Gastgeber folgend beginnen wir unsere Erkundungen heute im Regenwald. Mait`s Rest ist ein Rundwanderweg durch den Regenwald. Seinen Namen verdankt er dem Wagenlenker Mait, einem Postkutschenfahrer, der vor vielen Jahren an diesem Ort regelmäßig seine Rast abhielt. Diesen Wanderweg durch üppige Farne und riesige hohe Bäume haben wir an diesem Morgen für uns exklusiv. Noch Niemand hat sich heute auf diesen Weg gemacht. Anschließend fahren wir zum Otway Lighthouse. Das ist einer der ältesten Leuchttürme, erbaut im Jahre 1848 an der

sogenannten „Ship wreck coast". Die See ist hier immer sehr unruhig und die Klippen der Küste sind gewaltig. In der Zeit als man dieses Land nur über den Wasserweg erreichen konnte, hat es hier vielen Schiffen das Leben gekostet. Wir sind sehr überrascht, dass dieser Leuchtturm nur gegen eine ziemlich heftige Gebühr zu besichtigen ist und auch bestiegen werden kann. Bisher waren diese Attraktionen immer kostenlos, aber hier kommen wir nicht einmal in die Nähe des Leuchtturms ohne Eintritt, da es sich um ein privatisiertes Objekt handelt. Dazu sind wir allerdings nicht bereit. In der Nähe soll es ja die Koalas geben und das ist uns an diesem Tag wichtiger als ein Leuchtturm. Katrin und Bine sind inzwischen im erspähen der niedlichen Beuteltiere hoch oben in den Bäumen geübt und so gelingt es uns tatsächlich sie zu entdecken. Man braucht hier in Australien nur nach oben zu schauen und schon fahren die wenigen Autos links ran. Schnell füllt sich die Straße mit Touristen, die den Kopf immer Richtung Baumkronen strecken und auf der Suche nach den kuscheligen Bären sind. Ich habe sogar das Glück, dass sich ein Koala ein paar Meter abwärts bewegt. Von den 10 Minuten, die sich ein Koala am Tag bewegt, habe ich eine klitzekleine Sequenz gesehen und konnte diese sogar mit dem Handy filmen.

Wir haben genug von den süßen pinselohrigen Eucalyptusfressern gesehen und begeben uns Richtung Baumwipfelpfad. Hier im Otway Nationalpark gibt es den höchsten Baumwipfelpfad der Welt. In atemberaubenden 40 Meter Höhe wandelt man auf schmalen eisernen Stegen von Krone zu Krone. Eigentlich wollten wir auch den Zipline Parcour ausprobieren, aber da gab es erst einmal ein weibliches Veto. Vor Ort ist es nun zu spät, da diese Attraktion am heutigen Tage schon ausverkauft ist. Ich muss feststellen, dass wir uns an einem eigenartigen Ort befinden. Bei der Anfahrt haben wir keine Baumriesen sehen können, geschweige denn einen Regenwald entdecken können. Wir nähern uns dem Wipfelpfad vom Parkplatz aus zu Fuß und erst am Eingang des Parks können wir die Bäume erspähen. Dem eigentlichen Gipfelpfad nähern wir uns, indem wir immer tiefer in den Regenwald eindringen. Damit meine ich auch die tatsächliche Tiefe. Fast erscheint es mir als beginnen wir den Wanderweg zu den Baumkronen in deren Höhe. Immer tiefer und tiefer wandern wir Richtung ausgeschilderten Eingang. Dieses besondere Biotop eines Regenwaldes scheint eine kleine Oase von Farnen und Bäumen zu sein, die sich weit unter der Höhe des Meeresspiegels befinden. Dann, vollkommen unspektakulär, liegt der erste Steg direkt vor unseren Füßen. Ein fröhliches letztes Selfie von allen Vieren, dann ist nur noch das metallische Klirren unserer Schritte zu hören. Schnell wird uns klar, dass es tatsächlich unter uns noch tiefer hinuntergeht. Jeder macht seine Runde für sich selbst. Nur der Einzelne kann für sich entscheiden, wo er stehenbleibt und wo es für ihn besser ist, einfach geradeaus zu schauen und den nächsten sicheren Pfeiler zu suchen. Es ist durchaus eine atemberaubende Höhe in der wir uns befinden. Unter uns der dicke Teppich aus Farnen und neben uns die Häupter der Bäume. Die Kronen des Regenwaldes. Wir kommen zu einem Ausleger der am Ende keinen

stützenden Pfeiler mehr hat. Dieser freischwebende Pylon ist Bine nicht geheuer und sie wartet am Anfang des Krakenarms. Tatsächlich ist dieser Ausleger nochmal eine Steigerung zu den bisher begangenen Stegen. Alleine durch das Betreten des Stegs fängt dieser an sich zu bewegen. Am Ende kann

man sich etwas hinauslehnen und die berühmte Titanic-Pose nachspielen, nur ohne Wasser. Wir sind Könige der Welt, der Baumwipfelwelt, hier am anderen Ende der Erde. Das Ende des Rundgangs endet ebenso unspektakulär wie der Eingang. Die Mädels beschließen den Rückweg durch den Wald, während Thommi und meine Wenigkeit nochmal den Weg zurück machen. Dieses tolle Erlebnis kann gar nicht lange genug dauern.

Auf dem Rückweg, wieder ein Stückchen durch die Prärie, finden wir keine Möglichkeit für eine kurze Pause und einen Kaffee. So entschließen wir uns zu Plan B. Direkt neben unserem Hotel befindet sich die „Great Ocean Road Brewery", mit einem Restaurant und einem „TastingTempel". Sechs verschiedene Biere können wir uns zusammenstellen und probieren. Alle Proben werden ordentlich eingeschenkt, sodass man nicht von homöopathischen Dosen reden kann. Aber auch nur in dieser Größe lässt sich ein ehrlicher Vergleich der dargebotenen Biere vornehmen. Schließlich kostet man nicht nur seine eigenen sechs Biere, auch von den Anderen Dreien wird ein Schluck aus dem Becher genommen und ein Urteil gebildet. Die meisten Biere dieser privaten Microbrauerei sind die uns schon aus Amerika bekannten und auch in Deutschland immer beliebter werdenden sogenannten Pale Ale`s. Vereinfacht erklärt sind das Biere, die wie „Helles" gebraut werden, aber bei denen der Hopfen gestopft wird. Dadurch erhalten Sie ein teilweise strenges, aber süßliches Aroma, welches viele als Pampelmuse herausschmecken. Ansonsten wird entgegen deutschem Reinheitsgebot noch ein wenig Dies oder Das beigemengt und fertig sind die Aromabiere.

Die Frauen wollen sich vor dem Abend noch ein wenig frisch machen, während wir Männer bei einem Strandspaziergang „ausnüchtern". Auf dem Weg zum abendlichen Essen stöbern wir noch kurz in den beiden

Souvenirläden des Ortes. Endlich sind sie mal offen und wir können uns umschauen. Die Öffnungszeiten sind hier extrem entspannt. Morgens spät auf, aber dafür abends früh zu. Thommi verguckt sich in ein T-Shirt mit einem „Apollo Bay" Aufdruck, wovon er mangels Hard Rock Café nach reiflicher Überlegung auch gleich zwei kauft. Partnerlook mit Sohnemann. Gegessen wird heute im Restaurant der Brauerei. Hier hatte Thommi gestern während einer kurzen Besichtigung inklusive eines hastigen Bieres, einem Gast beim Essen auf den Teller geschaut und Appetit bekommen. Wir entscheiden uns Alle für die gefüllte und mit Käse überbackene Hähnchenbrust. Lediglich die Füllung fällt bei uns unterschiedlich aus. Ein sehr köstliches Essen. Das muss man dem Koch lassen. Aufgrund der Menge der angebotenen verschiedenen Füllungen gehen wir spontan davon aus, dass er sich auf die Zubereitung der saftigen Hähnchenbrust spezialisiert hat. Wir haben das auch bisher noch nicht auf den Menükarten gelesen. Den Tag schließen wir mit einem Spaziergang zum Hafen ab. Mit etwas Glück soll man hier Seelöwen im Waser toben sehen. Der Hafen ist am Abend fast menschenleer und wir staunen über die Reusen der Fischer. Sie liegen gestapelt an der Pier und sehen aus wie dicke Donuts. Der Hummerfang ist vor Apollo Bay weit verbreitet. Dabei werden Lachse als Köder in die Reusen gegeben und diese dann auf den Boden der See abgelegt. Am nächsten Tag werden die Donuts wieder nach oben geholt und mit etwas Glück befinden sich köstliche Hummer in dem Fischfangkorb. Das alles entschädigt etwas für das durchwachsene Wetter, welches uns nicht zu einem Sprung in das kühle Nass des südlichen Ozeans animiert hat. Aber auch ohne Badehose war es schön hier in Apollo Bay.

Mittwoch 22.2.2017

Was wird uns heute entlang der Grand Ocean Road erwarten? Wir sind bisher echt verwöhnt worden mit den Erlebnissen und der wundervollen Natur. Und heute werden wir den ganzen Tag immer wieder Steine sehen. Aber nicht irgendwelche Steine, sondern die zwölf Apostel. Von denen stehen zwar nur noch neun, aber dafür strecken sie sich entlang der Küste und werden dann auch noch durch „The Arch" und „London Bridge" ergänzt.

Gleich am ersten Lookout steigen wir die Steilküste hinab und spazieren am Strand entlang. Und nur wer den Weg bis zum Ende geht, bekommt die volle Ladung der ersten Apostel. Denn erst, wenn man einen schmalen Strandabschnitt passiert hat, erkennt man, dass es sich um zwei Apostel handelt, die hintereinander aufgereiht stehen. Vielen Besuchern wird dieser

Anblick der beiden steinernen Kolosse mit Sicherheit nicht zu teil. Den der schmale Strandabschnitt befindet sich direkt an einer überbordenden Steilküste, und die herumliegenden Brocken auf der Erde und im Wasser machen diesen Weg nicht gerade vertraulicher. Die Sandsteinfelsen der zwölf Apostel wurden vor einigen hundert Jahren von der Küste durch Erosion getrennt und stehen jetzt aufrecht im Wasser. Der Abstand zur Küste und dem Strand ist unterschiedlich, beträgt aber hier bei diesen beiden Gesteinen rund 100 m. Fast scheint es als seien es erhobene Zeigefinger die uns vor der Erosion der Erde warnen möchten. Über uns kreisen fortwährend zwei Helikopter, die zahlungskräftige Touristen die Steilküste von oben entdecken lassen. Wir machen unzählige Fotos der beiden Apostel und erklimmen dann wieder die steile Treppe an der Bruchkante der Küste. Die Fotos werden heute toll aussehen. Die Sonne wird heute nur von ein paar Schleierwolken getrübt und das Meer leuchtet in einem satten blau, während sich die Apostel hellgelb in den azurblauen Himmel strecken. So geht das heute den

ganzen Tag. Die zwölf Apostel scheinen die interessanteste Attraktion an der Grand Ocean Road zu sein, denn es tummeln sich hier hunderte von Touristen. So viele auf einen Haufen haben wir das letzte Mal in Sydney am Hafen gesehen. An den gefühlten 50 Lookouts begegnen wir immer den gleichen Trupps, die wie wir, tausende Fotos von den neun verbliebenen Sandsteinformationen machen. Mal schauen wir von oben, mal von der Seite. Schon bald wird ein sarkastisch gemeinter Tagesspruch erfunden. „Letztendlich auch nur ein Stein" heißt es an den verschiedenen nett angelegten Panoramapunkten. Den Mädels wird es heute bei knapp 30 Grad ein wenig zu viel und so tauche ich mit Thommi an einem wunderschönen Felsmassiv alleine in die Tiefe. Zum ersten Mal sehen wir in dieser Lagune auch ein Pärchen im Wasser schnorcheln, während rund 30 Besucher, die sich den mühsamen Weg zu diesem einsamen Strand ebenfalls angetan haben, ihnen zuschauen. Sieht man ja nicht alle Tage – Menschen die im Wasser liegen, Köpfchen unter Wasser, Popo in die Höh`.

Als letzte Formation besuchen wir die „London Bridge". Das ist auch die jüngste Abspaltung des Gesteins von der Küste. Die besagte Brücke ist aber keine mehr, da vor ca. 40 Jahren der Brückenschlag zu der vorgelagerten Spitze abgebrochen ist. Dies geschah bei sehr schlechtem Wetter. Starkregen und Wind begünstigten den Einsturz. Trotz des Wetters gab es einige

Besucher zu diesem Zeitpunkt, die danach auf dem Felsen verharren mussten. Es dauerte zwei Tage bis sie mittels Hubschrauber gerettet werden konnten. Gott sei Dank kam dabei niemand ums Leben.

Ich hätte mir keine bessere Geschichte zum Abschluss des Besuchs bei den zwölf Aposteln einfallen lassen können. Beseelt von der Schönheit und den Tücken der Natur verlassen wir die Felsen und folgen der Küstenstraße bis zur schmucken „Bay of Island Coastel Pearl". Hier verlässt die Straße das Meer. Auf geschwungenen Asphaltpisten fahren wir nun wieder an riesigen Weideflächen vorbei, bis uns die Straße wieder zurück an die Küste bringt. Wir erreichen unsere heutige Station, Port Fairy. In diesem kleinen Fischerdorf werden wir die Nacht verbringen. Das Hotel ist schnell gefunden, da auch dieser Ort nur über eine überschaubare Anzahl von Straßen verfügt. Wenige Straßen bedeutet natürlich auch wenig Verkehr. Wäre der von den Autos noch zu verkraften und sogar wünschenswert, fehlen uns doch ein wenig die Menschen. Die erste kleine fußläufige Erkundungstour nach dem Autowandern führt uns aber erst einmal zum Wasser. Wir suchen nach dem Hafen, einem typischen Erkennungszeichen in unseren Breitengraden für einen Ort am Meer. Vergeblich. Lediglich an einem kleinen Stich liegen ein paar Segel- und Motorboote längs am Ufer. Wir überqueren den kleinen Kanal und erreichen eine Anhöhe auf der gegenüber liegenden Seite. Bronzeta-

feln und Kanonen erzählen von der damaligen Vertei-
digung der Stadt, die eigentlich nur ein Rückzugsort für
die Walfänger war. In der seichten Bucht konnten die
Fischer Schutz vor der stürmischen See suchen. Daher
hat der heute 3.000 Einwohner zählende Ort auch seinen Namen. Der Walfänger James Wishart entdeckte
die Bucht um 1820 bei einem Sturm und nannte sie
nach seinem Kutter „Fairy".

Einmal im Jahr geht hier aber richtig die Post ab. Am
26. Januar, dem Australia Day, treffen sich hier Surfer
von überall her um ihre Künste zu messen. Das witzige
und undenkbare dabei ist das Fehlen einer echten Jury.
Die Teilnehmer küren ihren jährlichen Helden selbst
am Abend des Nationalfeiertags. Der Australia Day ist
im Übrigen nicht unumstritten. Am 26. Januar 1788
ging der Seefahrer und Entdecker James Cook bei Sydney an Land und hisste die britische Flagge. Logisch,
dass es bei den Ureinwohnern von Australien andere
Vorstellungen gab als sich dem englischen Königreich
zu unterwerfen.

Wir entdecken sogar noch einen Leuchtturm an der
Landspitze, entscheiden uns aber gegen den Besuch des
Leuchtfeuers und begeben uns stattdessen wieder Richtung Hotel. Die Mädels hübschen sich noch ein wenig
auf und dann machen wir uns auf die Suche nach einem
Restaurant. Wie heißt es so schön „wer die Wahl hat,
hat die Qual". Nun wir müssen uns nicht quälen. Die

„Hauptstraße" des kuscheligen Fischerortes hat schon mal kein Restaurant. In der Nebenstraße gibt es eine Lokalität ohne Gäste, das ist dann nicht sehr einladend und ansonsten fegen zwei Cafés bereits vor ihren Shops den Dreck vom Bürgersteig.

Am Horizont, dem Ende der Straße scheint aber noch etwas zu sein, denn wir sehen eine Ansammlung von Menschen in der Ferne. Da wir nichts zu verlieren haben, machen wir uns auf den Weg und landen tatsächlich vor einem Lokal. Das „Caledonnian Inn" ist das älteste und nach unserer Erfahrung einzige im Dorf und ist natürlich gut besucht.

Wir studieren kurz die kreidebeschriebene Schiefertafel über der Kasse, merken, dass wir alle etwas zu essen finden und suchen uns danach einen Tisch. Ein Ort am Meer lädt natürlich immer zum Fisch ein. Mit den Wünschen der Damen gehe ich mit Thommi zur Kasse und wir geben unsere Bestellung auf. Mit den eiskalten Getränken kehren wir zum Tisch zurück und prosten uns auf den erlebnisreichen Tag zu. Unser Fisch lässt nicht lange auf sich warten und wir lassen es uns schmecken. Der Nachbartisch ist inzwischen auch besetzt und auf dem Weg zur Order fragt uns der Gast, ob denn der Fisch gut ist. Wir empfehlen den Fisch und sind noch mitten im Essen, als der Gast sich wieder an seinen Tisch setzt und uns auf Deutsch einen guten Appetit wünscht. Ich spreche ihn auf seine Deutsch Kenntnisse an und es stellt sich heraus, dass seine Frau, die quasi neben mir sitzt, aus Berlin kommt. Sie hat ihren Australier vor 40 Jahren in Dublin kennegelernt und ist dann sofort nach Australien ausgewandert. Der Liebe wegen! Während des Smalltalks kann ich nun endlich die Frage aller Fragen stellen, die mich seit Tagen quält. Wovon leben eigentlich die Australier hier in diesem Teil des Kontinents. Die Antwort lässt etwas auf sich warten und das liegt nicht an einem Tabu, welches ich versehentlich gebrochen habe. Der Australier weiß es selber nicht genau und ist dann der Meinung Tourismus und Landwirtschaft sind die Gründe, warum es den Menschen hier in diesem Teil von Down Under so gut geht. Die Auswanderin erzählt noch ein paar Geschichten von früher und dann verabschieden wir uns. Wir genießen den Spaziergang nach dem Essen und fallen müde und erfüllt von einem weiteren erlebnisreichen Tag in die Betten.

Donnerstag 23.2.2017

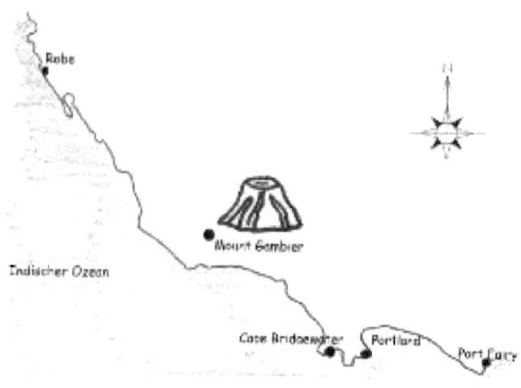

Das Städtchen ist am Morgen genauso verlassen wie am Abend. Wir schlendern durch die Mainstreet und biegen dann in die Nebenstraße ab in der wir am Abend die beiden Bäckereien entdeckt hatten. Wir entscheiden uns spontan für die Mutter der Bäckereien. Während wir Sandwichs kauen und den heißen Kaffee oder Tee schlürfen, beobachtet Thommi wie die gegenüber liegende Bäckerei mit den Brötchen unseres Wahllokals beliefert wird. Wieder mal intuitiv alles Richtig gemacht. Mit diesem guten Gefühl packen wir das Auto wieder und machen uns auf den Weg nach Robe, ebenfalls ein kleiner Fischerort. Heute gibt es nur zwei Highlights auf der Strecke und zusätzlich gewinnen wir etwas Zeit. Gegen Mittag treten wir in eine neue Zeitzone ein, die uns eine halbe Stunde schenkt.

Als erstes besuchen wir am Cape Bridgewater den „petrified forest". Dieses kleine Kap sieht vom Parkplatz aus wie eine Marslandschaft. Blassrosanes Gestein bildet eine Ebene bis hin zu den Klippen, die hier rund 30 Meter aus dem Wasser ragen. Unten brandet die stürmische See auf das sich himmelwärts reckende Gestein und bildet eine weiße Schaumkrone, die einen wunderschönen Kontrast zum blauen Wasser bildet. Der Weg am Klippenrand geht leicht bergab und zur Landseite können wir jetzt entdecken, woher der Name

dieser Landschaft stammt. Der kräftige Wind an dieser Landspitze und sicherlich auch heftige Regengüsse  haben das rötliche poröse Gestein zu kleinen Stämmen geformt, die aus dem Boden ragen und tatsächlich ein wenig nach toten Baumstämmen aussehen. Eine andere Theorie besagt, dass der Wald aus Moonah Trees einst von einer großen Sanddüne verschüttet wurde. Wasser, welches durch den Sand sickerte, formte rund um die Stämme eine Kruste aus Sandstein, wodurch sich der Durchmesser vergrößerte. Egal, welcher Theorie man folgt, es ist eine skurrile tote Landschaft, die über Jahrtausende entstanden ist und sich Jahr für Jahr kaum merklich verändert. In diesem Moment wird mir wieder klar, welch kleiner Teil wir vom Ganzen sind. Wir machen uns auf dem Weg zurück zum Auto und verlassen auch auf der Ebene nicht die vorgegebenen Pfade. Plötzlich schreit Thommi laut auf und springt in die Luft. Von uns anderen unbemerkt hatte wohl eine Schlange seinen Weg gekreuzt. Minuten später erzählt er dann, wie die Schlange sich aufbäumte und kurz davor war, ihm in die Wade zu beißen. Etwas später, wir sind schon wieder im Auto unterwegs, erfahren wir dann von einer direkten Gegenüberstellung mit der Schlange. Auge in Auge mit der Schlange kam es zu dem dann verständlichen Aufschrei angesichts der Bedrohung durch das wilde Kriechtier. Gott sei Dank ist er hochgesprungen und bleibt uns für den weiteren Urlaub erhalten. Aufgrund seiner wackeligen Beine verzichten wir auf einen längeren Spaziergang um uns eine Robbenkolonie anzusehen. Wir wissen eh nicht, ob eine Robbe gesichtet werden kann und der Ausflug an das Cape Bridgewater hat einige Zeit gekostet.

Unsere heutige zweite Sehenswürdigkeit ist der Mount Gambier. Bei dieser Erhebung handelt es sich um einen von drei erloschenen Vulkanen und deren Krater. Zwei der Krater befinden sich in unmittelbarer Nähe und sind als besondere Sehenswürdigkeit angepriesen. Das liegt vor allem daran, dass der größte Krater, der Mount Gambier, mit Wasser gefüllt ist und dieses

Wasser hat eine bisher unerklärbare Besonderheit. Jedes Jahr im Frühling verfärbt sich die über die Wintermonate grau schimmernde See in die verschiedensten Blautöne. Je nach dem von welcher Seite man bei Sonnenschein auf den See schaut. Da war auch schon das magische Wort, Sonnenschein. Den haben wir heute leider nicht und so bleibt es bei einem unspektakulären gleichbleibenden Blauton bei der gesamten Umrundung des Kratersees. Diese machen wir selbstverständlich zu Fuß. 5 Km sind zu bewältigen, aber das ist uns bei den Wegen, die wir im Auto zurücklegen, ganz recht. Am Ende des Rundgangs werden wir dann noch für unseren Fleiß belohnt. Auf einer Wiese entdecken wir wieder einmal freilebende Kängurus, die im Nieselregen grasen. Ja, richtig gelesen. Es hat inzwischen angefangen zu nieseln, aber das stellt den zweiten Krater, der am Ende des „Scenic ways" auf uns wartet in ein komplett anderes Licht. Satt grün und frisch aussehend liegt dieser kleinere Krater vor uns. Die Mulde ist voller riesiger Farne und anderen üppigen niederen Grünpflanzen. Wir schauen auf einen undurchdringbaren Urwald, der etwas unterhalb vor uns liegt.

Das Wetter ist uns im Süden des Kontinents absolut treu. Mal brennt die Sonne bei über 30 Grad im Schatten und am nächsten Tag ist der Himmel bedeckt und wir müssen uns mit 23 Grad zufriedengeben. Ein auffälliger, aber kleiner Beobachtungsturm bildet das Bindeglied zwischen diesen beiden Kratern. Der Zugang zur Aussichtsterrasse des satt grün bewachsenen zweiten Kraters erreichen wir durch einen kleinen Straßentunnel. Der Anblick ist nicht weniger interessant als der wassergefüllte Krater. Wieder einmal wuchern in der Senke Farne von einem für unsere Vegetation unvorstellbare Größe. Sattes Büffelgras und haushohe Laubbäume ergänzen die Flora, die nur einzusehen ist, da wir von oben ein wenig herabschauen können. Hier drüben treffen wir auf ein deutschsprachiges Pärchen. Sie kommen aus der Schweiz und wollen auch die Küstenstraße entlang. Allerdings fahren Sie in die andere Richtung und lassen sich noch ein paar Tipps auf den Weg nach Melbourne mitgeben.

Pünktlich mit Erreichen des Autos hört der Nieselregen auf und wir beschließen im Ort noch auf ein Käffchen zu bleiben. Im Ortszentrum werden wir schnell fündig und genehmigen uns einen Milchkaffee, diesmal allerdings im Inneren des Cafés. Die Hauptstraße ist mit viel Gewerbe rund um die Autoindustrie belegt und bietet nicht die Ruhe die wir ansonsten in den Orten gewohnt sind. Es ist eher eine kleine Ansiedlung wie man sie häufig in den USA antrifft. Dem Ort wo sich alles um das Auto dreht. Aber wir wollen nicht meckern, immerhin mal eine größere Stadt mit Verkehr und Menschen. Da die Stadt, unserer Meinung nach, keinen Grund zum längeren Verweilen bietet, ziehen wir weiter in Richtung unseres heutigen Nachtquartieres. Robe, wieder eine kleine Stadt am Meer und wir stellen uns wieder ein kleines Fischerdorf vor. Erstaunlicherweise macht der Ort einen sehr aufgeräumten Eindruck. Die Hauptstraße ist mit einigen Restaurants und Läden gespickt. Wen man bedenkt, dass hier nur 1.300 Menschen leben, scheint dies wirklich ein touristischer Anziehungspunkt zu sein. Im Vergleich zu dem gestrigen Ferienort Port Fairy wirkt dieser Ort wesentlich größer. Dabei wohnt hier nur ca. ein Drittel der Einwohner wie in Port Fairy. Das Navi bringt uns verlässlich zu einem Natursteinhaus unweit der Küste am Ende des Ortes. Auf Zäune wird hier verzichtet, die Umrahmung des Gebäudes mit dem schönen Garten bilden wunderschöne rosa blühende Oleander. Der Anblick des Hauses verzaubert uns sofort und wir machen uns auf den Weg um den Vermieter zu suchen. Wir passieren drei Eingangstüren an der Längsseite des Hauses und treffen auf ein Billboard am Ende des kleinen Weges. An diesem Bord ist die Zimmerbelegung hinterlegt mit dem Hinweis, dass die Tür offen ist und falls noch irgendetwas benötigt wird, möge man sich telefonisch melden. Wir öffnen die Türen zu unseren Zimmern und die Einrichtung spiegelt das Äußere des Hauses wieder. Wir werden mit der Einrichtung in eine frühere Zeit versetzt und das ist nicht negativ gemeint. Alle Gegenstände in diesen Räumen sind aufeinander abgestimmt und vermitteln eine urige anheimelnde Atmosphäre. Diese Unterkunft ist ein Bed&Breakfast und ich frage mich bereits in welchem Raum das Frühstück eingenommen wird, als ich beiläufig den Kühlschrank öffne. Das matte Licht des Kühlschranks lässt uns ein zweites Mal das Herz aufgehen. Wir haben ein komplettes Frühstück in der Kühlung: Tomaten, Eier, Milch, Toast, Marmelade ja sogar an Orangensaft wurde gedacht.

Perfekt und da unser Zimmer ein wenig größer ist, entscheiden wir spontan am nächsten Morgen bei uns zu frühstücken. Aber jetzt gilt es erst einmal die Umgebung zu erkunden und letztendendes auch ein Lokal für den heutigen Abend zu finden. Die Auswahl scheint ja diesmal gegeben zu sein. Vor der Tür entdecken wir ein Schild, welches uns bisher noch nicht aufgefallen war. Bei unserer Unterkunft handelt es sich um das erste Haus, was in Robe gebaut wurde. 1846 wurde dieser Ort gegründet und unsere Unterkunft war der Dreh- und Angelpunkt der Gemeinde. Gegenüber befindet sich daher auch eine kleine Kirche, ebenfalls aus herrlichen Natursteinen erbaut und keine 100 Meter weiter gibt es einen kleinen Hafen. Da das damalige Zentrum, unser Nachtquartier, inzwischen ein wenig am Ortsrand liegt, ist es ein kleiner Spaziergang zur

Hauptstraße mit den Geschäften und Lokalen. Da die Geschäfte, wegen der bekannten Öffnungszeiten, bereits wieder geschlossen haben, schauen wir uns die Angebote der Restaurants an und entscheiden uns nach einigem Abwägen demokratisch für einen gemütlichen Schuppen der einen regen Zuspruch der anderen Touristen erfährt. Witzigerweise heißt auch diese Lokal Caledonnian Inn und behauptet, wie gestern in Port Fairy, das älteste Gasthaus am Platze zu sein. Die Belegschaft wurde jedenfalls schon ausgewechselt. Ein Endfünfziger versorgt die trockenen Kehlen im vorderen Schankraum und die Jugend des Familienunternehmens versorgt in den hinteren gemütlichen Räumen die Gäste mit diversen Speisen. Heute wird am Tisch serviert. Das ist eine absolute Seltenheit in Australien. Da wir etwas zulange über der Karte verweilen spricht die Bedienung, die wir für die Tochter des Wirtes halten, sofort eine Empfehlung aus. Der „battered fish", der Bauchlappen des Hais und eine wahre Köstlichkeit. Dazu werden wie gewöhnlich Chips gereicht, die wir als breite Pommes kennen. Also viermal die Köstlichkeit aus dem Meer und ein Foto von uns vieren mit den vollen Tellern. Tatsächlich bereuen wir die empfohlene Bestellung nicht und verlassen satt und höchst zufrieden das Lokal. Der Verdauungsspaziergang tut uns allen gut. Da es wieder einmal ein toller Tag war, trotz des etwas schlechteren Wetters, genehmigen wir uns noch gemeinsam ein Fläschchen Wein und lassen den Tag Revue passieren. Das wunderbare an vier reisenden Menschen ist die unterschiedliche Wahrnehmung und Interpretation von den Dingen die uns am Tage widerfahren. Da wir nie müde werden uns auszutauschen haben wir das große Glück im besten Fall vier Eindrücke am Tage zu gewinnen.

Freitag, der 24.2.2017

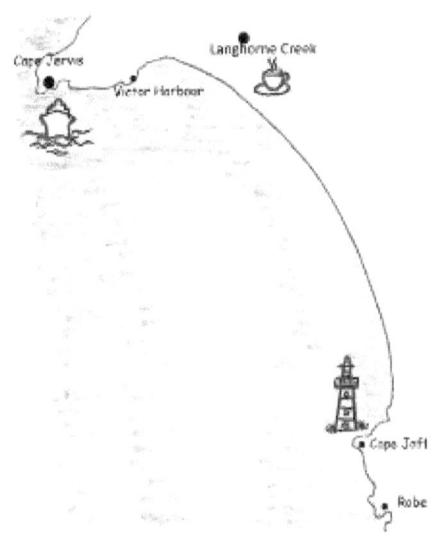

Wie jeden Morgen nutze ich meine erste Wachphase um mit meiner Tochter zu kommunizieren. Sie schmeißt zu Hause meine Agentur und durch den Zeitunterschied von rund 11 Stunden passt das sehr gut. Sie arbeitet abends nach Ihrem normalen Job die aufgelaufenen Telefonate ab. Bei uns hier in Australien ist es dann 7:00 morgens. Bine schläft noch und ich kann mich mit ihr über WhatsApp abstimmen, falls sie ein Problem hat. Meistens informiert sie mich aber nur über das Wesentliche. Sie ist inzwischen erfahren genug um meine Agentur für vier Wochen am Laufen zu halten. Nach dem morgendlichen email und WhatsApp

check mache ich mich an die Vorbereitung des Frühstücks. Schließlich erwarten wir gleich Gäste und da
kann ich schon mal den Tisch decken. Pünktlich steht
Katrin mit Thommi im Zimmer, ein Frühstückstablett
voll mit den bekannten Zutaten, die auch in unserem
Kühlschrank für diesen Morgen ihr zuhause gefunden
hatten. Leider ist es morgens doch sehr frisch hier am
Meer, so dass ein Frühstück im Freien heute ausbleiben
muss. Thommi macht sich sofort eifrig an die Zubereitung einer riesigen Portion frisches Rührei, während
die Mädels ihren ersten Tee genießen. Den Toaster
benutzen wir diesmal ohne den Rauchmelder auszulö-
sen. Das gemeinsame Spülen des Geschirrs gehört natürlich bei diesen Unterkünften zum Prozedere. Auch
wenn wir dieses Quartier verlassen, ohne auch nur
einmal unseren Vermieter gesehen zu haben, möchten
wir als deutsche Touristen keinen schlechten Eindruck
hinterlassen. Schließlich sollen ja noch mehr Touristen
aus Europa in den Genuss dieses urigen Domizils
kommen.

Wir haben den Trip heute so berechnet, dass wir pünktlich an der vorreservierten Fähre ankommen. Ohne
geplante Sehenswürdigkeit liegt heute nur eine Verbin-
dungsetappe vor uns, bevor wir nach Kangaroo Islands
übersetzen. Wir begeben uns heute wieder auf den
Princes Highway. Bereits aus Sydney heraus haben wir
diesen Highway benutzt, der sich an der kompletten
Südküste des Kontinents entlang schlängelt. Ein

Highway in Australien entspricht einer Landstraße in Deutschland. Eine Spur für jede Richtung, ab und zu fehlt der Seitenstreifen und der Untergrund ist auch nicht immer eben und glatt, aber dafür haben wir ja nun ein bequemes Auto. Die beiden Mädels im Fonds unserer geräumigen SUV`s studieren nach unserem Aufbruch die Karte und entdecken eine mögliche Abkürzung. Und so kommt es, dass wir heute gleich zweimal auf das Wasser gehen. Bei Langhorne überqueren wir mittels

einer Seil-
fähre den
Murray
River und
landen
danach in
dem klei-
nen Ort
Langhorne.
Die ge-

sparte Fahrtzeit investieren wir in eine kleine Kaffeepause. Wir bestellen uns drei Milchkaffees und eine Cola für Katrin, bezahlen diese am Tresen und setzen uns auf die Terrasse des kleinen Lokals. Unter dem großen Sonnenschirm warten wir geduldig auf unsere Getränke. Nebenan treffen zwei australische Biker ein, die sich aus dem Schankraum Bier holen und das köstliche kalte Gebräu in die Kehlen laufen lassen. Das wäre auch für uns die bessere Lösung gewesen. Als die freundliche Serviererin uns den Kaffee bringt, sträuben uns sich die Nackenhaare. Auf dem schwarzen Gold schwimmt eine Milchpelle wie ich Sie lange nicht gesehen habe. Wir versuchen die dicke Schicht mit dem Löffel so gut es geht an den Rand zu schieben, aber das Auge trinkt mit. Zudem ist das Gebräu wirklich kochend heiß und ungenießbar. Naja, wenigstens hatten wir eine kleine Pause und konnten mal wieder Australien abseits der ausgetretenen Touristenpfade kennenlernen.

Gemütlich machen wir uns auf den Weg nach Jervis, wo wir die Sealink Fähre nach Kangaroo Island nehmen wollen. In Victor Harbour, dem Ort vor Jervis, tanken wir noch einmal das Auto voll und genehmigen uns einen kleinen Burger für den Hunger zwischendurch. Da haben wir mal wieder eine kleine Vorahnung gehabt. Wir kommen an der Anlegestelle der Fähre an und müssen feststellen, dass es rund um diese Anlegestelle lediglich das Büro der Verwaltung gibt. Alles andere ist Öde. Aber es dauert gar nicht lange, da naht die Fähre und aufgrund des heutigen schönen Wetters können wir auch schon unser Ziel am Horizont erkennen. Das einschiffen ist schon eine Attraktion an sich. Der Fahrer darf nur alleine im Auto sein und ich fahre einen U-Turn auf der Ladefläche bevor ich rückwärts in eine Lücke gelotst werde, die kaum eine Blatt Papier zwischen meiner Karosse und dem Stahl der Fähre lässt. Vorsorglich fragt mich der Einweiser, ob ich englisch spreche bevor er in seinen „deep australia slang" seine Anweisungen brüllt. Geschafft, ohne Kratzer und überglücklich winke ich meinen Mitreisenden, die gerade zu Fuß die Fähre betreten.

Wir setzen uns in die erste Reihe des Innenraums der Katamaran Fähre mit einem tollen Blick über den Bug und holen uns einen Kaffee, der wesentlich besser schmeckt als der in Langhorne. Sitzen ist eine gute Lösung für die 45-minütige Überfahrt, denn stehen ist relativ schwer. Zwar hat der Wind gegenüber des gestrigen Tages am Cape Bridgewater ein wenig nachgelassen, aber es reicht immer noch für eine kräftige Dünung. Hinzu kommt, dass der Fahrweg des Schiffes quer zur Strömung zwischen dem Festland und der Insel verläuft. Somit dümpelt die Fähre in jedes Wellental und verlangt aufrechten Menschen einen guten Gleichgewichtssinn ab.

In Penneshaw, dem Zielhafen auf Kangaroo Island, gibt es ebenfalls nur wenige Häuser und ich bin froh, dass wir unser Hotel vorbestellt haben. Wir wohnen Waterfront und vom Balkon kam man ungestört auf das Meer schauen. Selbstverständlich starten wir nach der Begutachtung der Zimmer sofort mit der Besichtigung des Ortes und der Suche nach einer Möglichkeit des Abendessens. Direkt vor unserem Hotel ist ein kleiner Grill aufgebaut und der Besitzer des Hotels versucht ein wenig sein Einkommen aufzubessern, indem er einen fleischbelegten Spieß versucht an den Mann zu bringen. Rodizio auf australisch. „Wenn alle, dann alle" gibt er uns zu verstehen, nachdem wir ihm sagen, es wäre noch ein wenig zu früh für uns. Sowohl der kleine Ort ist überschaubar, wie auch das Angebot hier am Abend zu speisen. Es gibt ein Restaurant, einen kleinen Imbiss in der „Ladenstraße" und noch einen Imbissanhänger. Immerhin entdecken wir sofort auf der Karte Kangaroo Whiting. Wir Kerle denken sofort an ein saftiges Steak von diesem hüpfenden Beuteltier und freuen uns auf das Abendessen. Als der kleine schmuddelige Imbiss ebenfalls den Kangaroo Whiting anbietet, das Ambiente aber eher auf Fish & Chips schließen lässt, erkundige ich mich beim Grillmeister und erlebe eine herbe Enttäuschung. Der Kangaroo Whiting ist ein Fisch, der sich hier in den Gewässern seines Lebens erfreut und keineswegs ein Steak ist. Gut, der Imbiss ist schon mal raus, bleibt noch der Verkaufsanhänger am Sportplatz oder das Restaurant. In letzteres haben wir schon reingeschaut und prallten aufgrund Fülle und Lautstärke zurück. Alle männlichen Einwohner von Penneshaw haben sich hier scheinbar zum Bier verabredet. Leider ist der Verkaufsanhänger geschlossen und ganz nebenbei lesen wir auf einem, an einem Baum getackerten Blatt, eine Nachricht, die Bine unruhig macht. In großen Lettern wird auf einen Trödel-und Bauernmarkt aufmerksam gemacht, der an den nächsten beiden Tagen auf diesem Sportplatz stattfindet. Nun sind solche Märkte normalerweise eine tolle Nachricht für Frauen, die dann gern mal in den Reihen stöbern und sich unter die Einwohner mischen, aber dieser Markt findet statt, weil morgen Kreuzfahrtschiffe in Penneshaw vor Anker gehen. Und da sieht Bine ein Problem. Denn morgen ist Koala Kuscheln angesagt, einer der Ankerpunkte auf dieser Reise. Und wenn zweimal 1.500 Menschen mit Bussen über diese Insel gejagt werden, erwartet Bine Kapazitätsprobleme beim stark reglementierten kuscheln mit den wolligen Beuteltieren.

Langsam knurrt uns der Magen und wir entscheiden uns für das einzige Restaurant im Ort. Wir schlängeln uns an den biertrinkenden Männern vorbei in den Speisesaal und finden einen netten Tisch in der Mitte des Raumes. Das Restaurant ist ganz gut gefüllt und in den Redepausen der mitteilungsbedürftigen italienischen Frauen am Nachbartisch höre ich vermehrt deutsche Stimmen an den Tischen. Das Essen ist schmackhaft und sättigt uns. Wir entschließen uns im Anschluss noch zu einem Verdauungsspaziergang. Wir spazieren in Richtung Anlegestelle und laufen am Uferrand zum Hotel zurück. Auf den Balkonen des Hotels entdecke ich einige Gesichter aus dem Restaurant, was mich nun auch nicht mehr wundert. Viele andere Möglichkeiten bietet Penneshaw auch nicht. Während des Essens und auch beim Spaziergang haben wir überlegt, wie wir mit der Information zu den Kreuzschiffen umgehen. Bine hat sogar gegoogelt, aber die ganz großen Schiffe konnten wir nicht ermitteln. Immerhin wissen wir jetzt, dass sogar die Queen Mary II in den nächsten Wochen der Insel einen Besuch abstatten wird. Ein erschreckender Gedanke. Über Kangaroo Island hatte ich bisher immer nur von einem Naturreservat gehört und einige Australienbesucher hatten das sogar wegen des Aufwands der Fährpassage ausgelassen. Mit den Schiffen wird die Beschaulichkeit leiden und die Natur eventuell sogar Schaden nehmen.

Einen Koala auf dem Arm zu haben ist scheinbar nicht nur für Bine diese Reise wert. Einstimmig beschließen wir das Frühstück eine Stunde vorzuziehen. Somit müssten wir den Kreuzfahrern etwas Zeit voraushaben und könnten uns in der Koala Station rechtzeitig anmelden. Etwas beruhigt begeben wir uns auf die Zimmer und läuten die Nachtruhe ein.

Samstag, der 25.2.2017

Ich schiebe vorsichtig den Verdunkelungsvorhang bei-
seite und traue meinen Augen nicht. Direkt vor meinem
Balkon leuchtet mir das Licht aus zig Schiffskabinen in
das Gesicht. Die Morgendämmerung hat gerade einge-
setzt, das Meer liegt ruhig vor mir und es schwimmt
ein Kreuzfahrtschiff der Antares Klasse mit 1.000 bis
1.200 Passgieren an Bord vor meinem Balkon. In der
Restaurantebene ist bereits die Beleuchtung an und
wahrscheinlich sitzen die ersten Earlybirds schon beim
Frühstück. Die Rettungsboote befinden sich aber noch
längsseits des Schiffes in ihren Boxen, das bedeutet die
Vorbereitungen zum tendern, dem Ausschiffen der
Passagiere mittels eigener Beiboote, sind noch nicht
angelaufen.

In Ermangelung der Möglichkeiten haben wir uns für
das Frühstück im Hause entschieden. An der Kaffeebar

kommt man schnell ins Gespräch, da die jetzt frühstückenden Gäste fast ausschließlich aus dem deutschsprachigen Raum kommen. Allerdings haben sie uns einiges voraus. Mit stolzgeschwellter Brust wird sofort über die bisherigen Stationen in Australien und die weiteren Monate in Neuseeland schwadroniert. 3 – 6 Monate sei man unterwegs, ansonsten lohnt sich der Trip ja nicht, heißt es aus frühberenteten Munde. Ich verweise kurz und knapp auf meine Jugend und dass ich das im Alter auch bestimmt so mache. Sondierung wäre meine momentane Aufgabe hier down under.

Wir checken aus und machen uns hochkonzentriert auf den Weg zur Koala Station. Der Weg ist gesäumt von einer Menge toter Tiere, die am Wegrand liegen. Nicht umsonst wird davor gewarnt auf der Insel im Dunkeln zu fahren. In der Nacht erkennen viele Tiere nicht die Gefahr in ihrem Habitat und werden Opfer des zunehmenden Verkehrs.

Der Parkplatz des „Kangaroo Island Wildlife Park" ist leer als wir die Station erreichen und in die Freude noch keinen Bus vor uns zu haben mischt sich die Skepsis, ob der Tierpark überhaupt auf hat. Er hat und wir sind die ersten die ihn heute betreten. Fröhlich lösen wir vier der zehn möglichen Tickets für das Kuscheln mit Koalas und nutzen die Zeit um die anderen Tiere zu besuchen. Wir haben mit dem Ticket noch gleich eine Tüte Kängurufutter gekauft und spazieren schnurstracks in das Freigehege, um Skippy und seinen Freunden das Frühstück zu servieren. Es ist putzig, wie zutraulich diese Tiere sind. Es fühlt sich wahnsinnig an, wenn die kleineren mit ihren Vorderläufen die Hand festhalten, um mit den Lippen die Körner aus der Hand zupfend zu fressen.

Ansonsten gibt es hier noch Kasuare, das sind urzeitliche Laufvögel, Pelikane, Schweine, Emus, Wildvögel, Dingos, ein fettes Krokodil und eine Auswahl der giftigsten Schlangen dieses Kontinents. Aber nichts kommt gegen die Koalas an, die wir jetzt, mit den wenigen anderen Gästen, die sich inzwischen angesammelt haben, in ihrem Gehege besuchen dürfen. Ein Pfleger erzählt uns das Wichtigste zu den eukalyptusfressenden Baumbewohnern und wir dürfen schon einmal ganz nah ran an die vier Exemplare in diesem Freigehege. Danach geht es dann für uns zur Privataudienz. Wir haben Glück und so früh am Morgen haben sich keine weiteren Gäste für das „meet and greet" eingetragen. Nacheinander bekommen wir Bobby, den acht Monate alten Koala, auf den Arm gesetzt. Die Krallen, die die Koalas zu guten Kletterern machen, graben sich in unsere Körper und mit einem Eukalyptusstrauch becircen wir ihn in unsere Richtung zu schauen. Es ist noch viel flauschiger als ich es mir vorgestellt habe. Genüsslich knabbert er während der gesamten Tragezeit von uns an seinem Halm und zeigt keinerlei Tendenz zum Fremdeln. Fotos über Fotos von jedem mit jedem werden geschossen. Mit einer unauslöschlichen Erinnerung und beseelt geben wir Bobby wieder in die Hände unseres Pflegers. Beim Händewaschen sehen wir die ersten Reisegruppen, die jetzt auch die Tierstation erreichen und sich über das Gelände verstreuen. Alles richtig gemacht an diesem Tag.

Unser Nachtlager befindet sich am anderen Ende der Insel und da der Weg das Ziel ist, bewegen wir uns langsam in Richtung dieses Wildreservats. Nach wenigen Minuten treffen wir auf einen kleinen Ort in der Mitte der Insel. Alles sieht total verschlafen aus, aber ein kleiner Gemischtwarenladen hat offen. In den abgedunkelten Räumen suchen wir nach etwas Brot für unser Abendessen und das morgige Frühstück.

In unserem heutigen Quartier soll es keine Restauration geben und so haben wir beschlossen eine kleine Vesper zuzubereiten. Das Gebäck sieht toll aus und man überzeugt uns von der Frische der Waren. Kurzerhand las-

sen wir uns in der lichten Sitzecke nieder und genießen frischen Kaffee und Kuchen der Besitzerin. Pardana heißt der Ort, in the middle of nowhere. Man sieht keine Personen, es fahren keine Autos und für wen hat die gute Frau das alles gebacken? Auf unserem weiteren Weg begegnen wir dem Wegweiser nach Seal Bay. Spontan beschließen wir diesem zu folgen. Eigentlich hatte ich das für morgen vorgesehen, aber wenn wir schon einmal hier sind. Es handelt sich um ein weiteres Naturreservat an einem schönen weißen Strand an der Südküste der Insel. Hier lebt eine Robbenkolonie und wer möchte kann diesen Tieren auf du und du begegnen. Da eine Gruppe gerade losgezogen ist und der Preis uns ein wenig überteuert vorkommt, entscheiden wir uns für den Holzsteg.

Dieser führt, an einem hübsch drapierten Walskelett vorbei, ebenfalls zum Strand, aber eben nicht an den Strand.

Die Badezeit der Säuger scheint eh vorbei zu sein, denn die Robben, die wir hier sehen, liegen faul im Sand und schlafen. Am Strand läuft die Reisegruppe am Wassersaum entlang und holt sich nasse Füße. In einer windgeschützten Biegung des Stegs aalen wir uns in der Sonne und achten auf dem Rückweg auf mögliche Schlangen auf dem warmen Holzboden. Vor diesen wur-

de am Eingang gewarnt, man hätte heute schon welche gemeldet bekommen, aber ich halte das sowieso nur für einen touristischen Gag.

Es dauert dann noch einmal eine halbe Stunde mit dem Wagen bis wir unser Hotel erreichen. Hotel trifft es eigentlich nicht. Es ist eine Wilderness Lodge. Alle Zimmer befinden sich ebenerdig rund um einen be- grünten Innenhof. Die schönen Terrassen bieten genug Platz um zu viert zu dinieren oder zu frühstücken. Und das ganz besondere sind die freilebenden Kängurus die im Innenhof grasen und ab und zu auch mal auf der

Terrasse Hallo sagen. Wir befinden uns schon mitten im „Flinders Chase Nationalpark", der 20% der Inselfläche einnimmt. Da es noch früh am Nachmittag ist fahren wir noch ein Stück tiefer in das Naturreservat hinein und besichtigen die markante Felsformation „Remarkable Rocks".

Eine vom Wetter in Tausendjahren geformte Granitformation befindet sich auf einer hohen Kuppel, 75 Meter über dem Meer. Eine zweite großartige Bildung der Natur können wir am „Admirals Arch", nur 10 Minuten mit dem Auto entfernt von den Remarkable Rocks, bewundern. Diese beiden Plätze sind mir von meinem Reisebüro empfohlen worden. Ein sehr guter Tipp. Wir steigen auf dem gut gepflegten Holzsteg in die Tiefe und erreichen die Höhle durch die die Brandung tost. Rechts und links von uns liegen die Robben auf den Steinen und lassen es sich gut gehen. Durch die starke Brandung wurde diese Höhle aus dem Granitgestein ausgewaschen und jetzt, zu den Abendstunden, scheint die Sonne in einem besonderen Licht durch den Bogen. Auf der Rückfahrt in unsere Lodge können wir noch zwei Schnabeligel bewundern. Die suchen am Wegesrand nach Essbaren. Sie sind aber so scheu und flink, dass sie für einen Schnappschuss nicht zu haben sind. Bis wir mit dem Auto zum Stehen kommen, sind sie wieder im Unterholz verschwunden.

Trotz allem, was wir heute erlebt haben, liegen wir immer noch gut in der Zeit um an der bei unserer Ankunft angebotenen kostenlosen geführte Nachtwanderung teilzunehmen. Nach dem selbstgemachten Abendbrot begeben wir uns zur Sammelstelle. Warum überrascht es mich nicht einige Gesichter vom gestrigen Abend wiederzusehen. Insgesamt sind wir inzwischen 15 Erwachsene und ein Teenie als die Sonne sich dem Horizont hingibt und uns unser Ranger begrüßt. Er sieht ein wenig aus wie „Crocodile Dundee und bittet uns darum ihn „Nature" zu nennen, obwohl er eigentlich Thomas heißt. Am Anfang möchte uns Nature in Sicherheit wiegen und zeigt uns die künstlichen Wasserbecken, die für den Notfall, zum Beispiel bei einem Feuer auf der Lodge, die Gäste schützen soll. Leider ist das Becken eine einzige Staubwüste, aber es soll ja noch ein zweites auf der anderen Seite der Anlage geben. Anschließend bekommen wir interessante Informationen über die Flora auf dieser Insel. Es ist immer wieder erstaunlich wie sich die Natur den Gegebenheiten anpasst. Besonders imponiert mir der „Kingia aust-

ralis", ein Grasbaum der nur im Südwesten Australiens, und somit auch auf Kangaroo Island zu finden ist. Er speichert seine Feuchtigkeit in den Wurzelballen, was es ihm ermöglicht, ein Feuer nicht nur zu überleben, sondern direkt danach auch zu blühen. Dabei werden die Samen abgeworfen und bilden den Grundstein der Verbreitung und sofortigen Begrünung nach einem vernichtenden Brand. Die Zeit schreitet unter den Erklärungen von Nature voran und die Dunkelheit hüllt uns inzwischen ein. Die Geräusche der Fauna erreichen unsere Ohren und das Quaken eines Frosches in einem kleinen Biotop am Eingang des Reservats beantwortet Nature sofort. Während seines Gesprächs mit dem Frosch führt er uns durch hüfthohes Steppengras und ich bin der festen Überzeugung das alle im Moment nur an Schlange und Spinnen denken, aber nicht an Frösche. Wir kommen auf eine kleine Lichtung und Nature dreht einen kleinen am Boden liegenden Findling um. Als hätte er es gewusst, klebt ein kleiner schwarzer Skorpion auf der kühlen Seite des Steins. Mit einer schnellen und geübten Bewegung packt er den Skorpion mit zwei Fingern am Schwanz und setzt ihn sich auf die Hand. Der Skorpion wirkt wie gelähmt und verharrt auf der Handfläche von Nature. Um das alles zu beobachten haben wir die Taschenlampen in Betrieb gehabt. Fünf hatte Nature in seinem Strickbeutel dabei und nun bittet er uns das Licht zu löschen. Ein überraschtes Raunen geht durch unsere Gruppe, denn der kleine Skorpion leuchtet in der Nacht. Sein Panzer ist mit einer fluoreszierenden Schicht überzogen, die uns nun wie ein grünes Laserschwert entgegen leuchtet. Er setzt das Spinnentier wieder neben den Stein und fordert uns auf im Schein der Taschenlampen nach einem Opossum zu suchen oder gar einen Koala im Baum zu finden. Ich erschrecke mich ein wenig, als er tatsächlich beide Tiere in einem Baum entdeckt. Während sich das Opossum sofort auf die Flucht begibt, muss der träge Koala im extrastarken Licht von Nature`s Taschenlampe ausharren. Bisher hat Nature keinen Zweifel daran gelassen, dass ihm Fauna und Flora das Wichtigste sind und jetzt setzt er dem verschreckten Koala einem derartigen Stress aus. Mir ist das ein wenig unverständlich, aber

weitere Zweifel kommen nicht auf, da wir wieder in unserer Lodge angekommen sind und Nature sich verabschiedet.

Das Opossum hat sich vom Schock erholt und fand uns wohl sympathisch. Neugierig und freiwillig schaut es bei unserem Scheidebecher auf der Terrasse noch einmal vorbei. Putzig.

Vielleicht sind das zweite Becken und die Frischwassertanks doch nicht so gefüllt wie gestern versprochen. Unter der Dusche bleibt heute Morgen jedenfalls das Wasser aus. Nicht nur bei uns, denn draußen spazieren schon mehrere Frühaufsteher mit staubigen Gesicht und leerem Blick durch den Innenhof. Trotzdem bin ich der Erste, der die Rezeption auf den momentanen Missstand aufmerksam macht und sofort werden die Pumpen in der Anlage kontrolliert und bald wieder in Gang gebracht. Entgegen meinen Recherchen zu unserer heutigen Unterkunft gibt es doch eine Restauration in der Lodge. Das erklärt dann auch das fehlende Geschirr und den vermissten Toaster auf dem Zimmer. Glücklicherweise hat unser Nachtwanderkumpel Nature heute Frühstücksdienst und wir versorgen uns mit dem nötigen Geschirr aus der Küche bei ihm. Frech erobern wir den Toaster in der Gaststube und geben dem Weißbrot die wohlschmeckenden Röstaromen.

Originell kommen im Reservat die beiden Zapfsäulen im Wendebereich des Parkplatzes daher. Die rote Hülle und das glänzende weiß der Anzeige, sowie der nicht ausziehbare Schlauch mit dem verchromten Rüssel erinnern mich an die legendären Zapfsäulen auf der Route 66.

Nachdem wir gestern bereits bei den „Remarkable Rocks" waren und wir den heutigen Tag in aller Ruhe genießen können, stehen nun die Farmen für die Mitbringsel auf dem Programm. Da wäre zum Beispiel die Eukalyptus Plantage. Die Anfahrt begeistert uns schon. Es geht wieder über unbefestigte rote Straßen und ir-

gendwie macht es riesigen Spaß im Rückspiegel eine Staubwolke zu sehen. Wir erreichen einen großen Parkplatz mit einer rostigen Wellblechhütte. Durch Fliegengitter und eine Schiebetür erreichen wir den Verkaufsraum der zudem über die Geschichte der Plantage in Wort und Bild, es gibt sogar einen Videoraum, informiert. Hier gibt es alles mit Eukalyptus, Öle, Cremes, Seife, Schnaps, Bonbons und sonst noch einige komische Dinge, die man nicht sofort mit Eukalyptus in Verbindung bringt. So entdecke ich zwei Katzenfelle an denen skurrilerweise noch die Köpfe hängen. Sofort denke ich an die armen Koalas, die wahrscheinlich vom Baum geschossen werden, wenn sie sich an der Plantage laben wollen. Mir reicht`s, ich gehe nach draußen und stehe mit Thommi erwartungsvoll auf dem leeren Parkplatz. Der Himmel ist heute von einem besonders schönen blau getränkt und die sattgrünen Baumkronen bilden einen tollen Kontrast: Bilderbuchwetter. Sicherlich kommen die Busse erst nach der Besichtigung der Naturschönheiten zu den Verkaufsstätten, um den Touristen das Geld aus der Tasche zu ziehen. Gestern und heute Morgen haben wir schon einige Reisebusse des Sealink Unternehmens an uns vorbeifahren sehen, die die Kreuzfahrer über die Insel chauffieren. Wir donnern weiter über die mäßig befestigte Sandpiste zum nächsten Highlight, das die Insel zu bieten hat: eine Honigfarm. Tatsächlich ist dieser Honig ein ganz besonderer Honig. Die fleißigen Bienen schaffen es nämlich nicht über das Wasser zum Festland und sind zugleich eines der ältesten Bienenschutzgebiete (1881). Das bedeutet auch, dass kein Honig und auch keine

Bienen auf die Insel gebracht werden dürfen. Somit ist dieser Honig einzigartiger Kangaroo Island Honig, der auch nicht über die Landesgrenzen exportiert werden darf. Der Geschmack des Honigs ist wirklich betörend. Dazu muss man wissen, dass ich normalerweise keinen Honig mag. Wir sind uns einig, dass wir einen Gesetzesverstoß riskieren und kaufen für uns und unsere Lieben daheim ein paar Gläser der raren Kostbarkeit. Die Farm, der Parkplatz und das Gebäude sind in einem ähnlich jämmerlichen Zustand wie die Eukalyptusfarm zuvor. Auf Äußerlichkeiten legt man in Australien wirklich keinen Wert, das ist uns ja auch schon auf dem Festland aufgefallen. Als nächstes wollen wir uns noch Kingscote anschauen, die „Hauptstadt" der Insel. Immerhin leben hier 1.700 Menschen gegenüber Penneshaw, dem Kreuzfahrerhafen. Dort leben lediglich 270 Menschen. Wahrscheinlich mehr Frauen und Kinder, denn wir trafen am ersten Abend in Penneshaw auf maximal 20 Männer, die zum Bier in der einzigen Kneipe im Ort verabredet waren. Kingscote ist demnach auch recht überschaubar, und mit einem kleinen Spaziergang machen wir uns ein Bild vom gesamten Ort. Die Ladenzeile besteht aus einem Souvenirladen, der Tourismus blüht und einem Gemischtwarenladen. Da dieser auch ein paar Stühle und Tische auf der Straße verteilt hat, setzen wir uns und nehmen eine Erfrischung zu uns. Auf der anderen Straßenseite zeugt ein verfallenes viktorianisches Gebäudeensemble von ehemals besseren Zeiten. Auf der Hinfahrt hatten wir ein Schild mit dem Hinweis auf einen Farmers Market gesehen. Spontan nehmen wir nun auf dem Weg zurück zu Fähre noch Kurs auf diesen Markt. Leider kommen wir für das ganz große Erlebnis ein wenig zu spät, aber rechtzeitig um die hausgemachten Quiches zum „Alles- muss-raus-Preis" zu ergattern.

Als wir wieder Penneshaw erreichen, erleben wir ein komplett anderes Bild von dem Ort. Am Fährbüro geht es zu wie in einem Bienenstock. Hier wuseln Touristen und Mitarbeiter der Schiffe umher, Busse kommen und fahren, Stände geschmückt mit Fähnchen und Ballons werben um Gäste für die nächste Bustour über die Insel. Ich melde mich für die Überfahrt an und kurze Zeit später geht es auch schon auf die Fähre. Diesmal ist das Meer wesentlich ruhiger und wir sitzen windgeschützt in der Sonne an Deck. Ebenfalls an Board ein Truck voller schlachtreifer Rinder, deren Geruch das salzige Meer mehr als übertüncht.

Wir haben wieder festen Boden unter den Füßen und machen uns auf den Weg nach Adelaide, der Hauptstadt von South Australia. Wir nehmen die Schnellstraße nach Adelaide, um noch am Abend etwas von der Stadt genießen zu können und halten nur am „Nan Hai Pu Tuo Tempel of Australia". Wahrscheinlich wäre uns der auf einer Anhöhe gebaute, an eine Lagerhalle erinnernde, Tempel nicht aufgefallen, wenn nicht davor eine 18 Meter hohe Buddhafigur stehen würde. Leider ist das Gelände gerade eine Baustelle, so dass wir nicht zum Tempel gelangen können. Aber einen tollen Ausblick hat man von hier auf den weißen sichelförmigen Strand von Sellicks Beach.

Unser Stadthotel in Adelaide ist schnell gefunden und wir verlieren keine Zeit um die Stadt noch ein wenig zu erkunden. In unmittelbarer Nähe befindet sich eine Einkaufsstraße, auf der nur noch wenig Trubel herrscht. Einen Häuserblock weiter stoßen wir auf die wunderschönen Bauten der Universitäten von Adelaide und auf das Museumsviertel. Auf dem Rückweg zum Hotel überqueren wir zufällig die Rundle Street, einen der Hotspots der Stadt. Hier reihen sich Bars und Restaurants aneinander und es herrscht ein quirliges Treiben auf der Straße. Adelaide wird von den Australiern auch „festival city" genannt, weil es das ganze Jahr über Veranstaltungen in der Stadt gibt. Ein Festival ist gerade am Start und der Eingang zu diesem befindet sich am entgegen gesetzten Ende der Rundle Street. Zudem ist gegenüber dem Festival, auf einer Grünfläche, auch noch ein Rummel. Kein Wunder das die Straße übervölkert ist und es nicht so einfach ist zu viert einen Tisch zu ergattern. Wir finden mit Glück einen Platz in einer Pizzeria und stärken uns nach diesem langen Tag. Da Fest und Festival nicht weit weg sind, wollen wir diesen danach noch einen Besuch abstatten. Dass der lange Tag ein wenig Konzentration gekostet hat, merken wir am Eingang der Attraktionen.

Während ich davon ausgegangen bin, dass wir uns auf das Gelände begeben, meinten die anderen wohl nur mal gucken, also über den Zaun schielen. Ein wenig frustriert ob der mangelnden Vergnügungssucht meiner Mitstreiter kehren wir zurück zur Rundle Street und suchen uns eine Bar für einen Absacker. Nach einigen Versuchen in verschiedenen Bars entscheiden wir uns für ein lauschiges Plätzchen draußen. Lauschig, weil es immer noch sehr warm ist. Adelaide leidet momentan unter einer extremen Hitze. Heute hatte es um die 40 Grad im Schatten und morgen soll es wieder so heiß werden. Wir kühlen uns mit den gleichen Cocktails runter, die die Damen am Nebentisch genießen und kommen auch ein wenig mit den Damen in den Smalltalk. Mit dem Ende jeder Veranstaltung schwillt die an uns vorbeilaufende gutgelaunte Menge an Menschen an und das wirkt auf Dauer ansteckend. Fröhlich kehren wir mit Plänen für den nächsten Tag in unser Hotel zurück.

Montag, der 27.2.2017

Wir beginnen den Tag in der Stadt, die als einzige Küstenstadt in Australien nicht als Sträflingslager gegründet wurde, mit einem Frühstück in einem kleinen Café, gleich um die Ecke des Hotels. Bei Kaffee und Croissants setzen wir uns in den Außenbereich des gemütlichen Cafés und schauen direkt auf die Grünanlage des Hindmarch Square. Hindmarch war der erste Gouverneur im Staate und benannte 1837 die Stadt nach der britischen Königin Adelaide (Adelheid von Sachsen-Meiningen). Heute wollen wir in Adelaide noch eine

Stadtrundfahrt machen, um den Rest der Stadt kennen-
zulernen. Dazu gehen wir zu Fuß vier Blocks und erreichen den Farmers Market, den wir durchstreifen und
noch etwas Obst einkaufen. Während wir auf den
kostenlosen Bus
warten, der uns
einmal rund durch
Adelaide fahren
wird, entdecken
wir das wohl
kleinste China
Town, welches ich
je gesehen habe.
Ein typisch chine-
sisches Tor, vor-
bildlich mit der
Inschrift „China
Town" versehen,

bildet den Eingang in eine ca. 30 m lange Straße, die
mit roten chinesischen Lampions geschmückt ist. Das
war`s. Bei dem Bus handelt es sich um eine offizielle
Buslinie in Adelaide, die ähnlich wie die Circle Line
Tram in Melbourne eine Rundtour bietet. Wir steigen
in den Bus und bestaunen während der einstündigen
Rundfahrt die Sauberkeit dieser Stadt und die ausge-
dehnten Grünflächen. Alles macht einen netten Eindruck, ohne dass diese Stadt etwas Besonderes hat. Bis
auf eine Kleinigkeit. An sehr vielen Gebäuden befinden
sich weiße Leuchttafeln mit der blauen Aufschrift „Po-

lites". Wir haben uns natürlich gefragt, was es mit diesem Schildern auf sich hat. Die Gedanken gingen zuerst in Richtung Polizeistation, Jugendherberge oder die Büros einer politischen Partei. Nichts dergleichen. Es handelt sich einfach um Werbung eines Immobilientycoons. Dieser besitzt eine sehr große Anzahl von Gebäuden in Adelaide und für sein Ego bestand er darauf, dass jedes seiner Gebäude von außen als solches erkennbar sein soll. Mit dieser kleinen Rundreise um den Stadtring herum und durch die großzügigen Parkanlagen haben wir die Stadt mit Ihren 17.500 Einwohnern komplett kennengelernt. Größer ist die Hauptstadt des Bundeslandes nicht. Nur die dazu zählenden 250 umliegenden Ortschaften macht Adelaide zur Millionenmetropole für die sich gerne ausgibt. Wir steigen eine Querstraße vor unserem Hotel aus und flanieren auf dem Weg zum Parkhaus noch durch zwei Malls im viktorianischen Stil. In der kleinen Chocolaterie lassen wir uns mit Appetithäppchen verwöhnen bis wir nicht mehr können, verzichten aber auf den Kauf der exquisiten Pralinen. Aufgrund der sehr hohen Temperaturen und unseren noch anstehenden Ausflug in das Outback scheint uns das logisch.

Langsam wir es Zeit die Stadt zu verlassen und unser nächstes Ziel anzusteuern. Schließlich haben wir heute noch 320 km vor uns. Vorher machen wir aber noch einen Abstecher zum Port Adelaide. Ich habe einen Flyer vom Hafen gesehen und der grün weiß gestreifte

Leuchtturm hat uns dazu veranlasst diesen kleinen Schwenk in die Tour einzubauen. Mehr gibt es leider auch nicht mehr zu bestaunen. Bine erklimmt den Leuchtturm und übernimmt den Kundschafter, ob es in der näheren Umgebung noch etwas Sehenswürdiges gibt. Leider entdeckt sie nichts mehr und den Markt in der Tonnenhalle am Hafen kann man leider nur am Wochenende bestaunen. Da sind wir einen Tag zu spät dran. Wir verlassen den Gulf Saint Vincent und fahren direkt nach Port Augusta.

Port Augusta ist das Tor zu den Wüstengebieten der Northern Territory. Die berühmten Flying Doctors unterhalten hier eine sehr wichtige Basisstation um sich schnellstmöglich um Kranke und Verletzte im Outback zu kümmern. Hier beginnen auch die Eisenbahnlinien die quer durch das Land bis nach Darwin führen und hier beginnt der Stuart Highway, der uns in den nächsten zwei Tagen durch das Outback nach Ayers Rock bringen soll. Unser Hotel liegt direkt am Wasser des Naturhafens am Spencer Golf und ist ein moderner Gebäudekomplex aus 20 zweistöckigen Appartementhäusern. Wir fühlen uns richtig wohl in den modernen klimatisierten Zimmern und die Rezeption macht auch mal einen seriösen und professionellen Eindruck. Das war nicht immer so bei unseren bisherigen Domizilen, die wir außerhalb der größeren Städte besucht haben. Wie gewöhnlich streifen wir als erstes durch den Ort und schauen bei dieser Gelegenheit gleich mal nach einer Möglichkeit des Abendessens und des morgigen Frühstücks. In der Mitte des Ortes gibt es eine kleine Grünfläche mit schönem Kinderspielplatz und einer Sitzgelegenheit neben der Statue von Augusta Sophia Young, der Namensgeberin der Stadt. Wir nehmen die Einladung der eisernen Lady an und lassen uns alle mal mit ihr ablichten. Am anderen Ende des kleinen Parks gibt es einen Supermarkt mit einem kleinen Frühstücksimbiss. Wir fragen uns immer wo nur alle diese Leute sind, die hier wohnen. Die Straßen sind leer, selbst im Supermarkt kann man die Personen an einer Hand abzählen und wahrscheinlich gehören Daumen und Zeigefinger noch zum Personal. Da ist es eigentlich nur logisch, dass wir uns bei der abendlichen Essensbeschaffung auch ein wenig schwertun. Das erste Restaurant ist zu, der Chinese hat auch geschlossen, einzig und allein das Hotel Flinders hat geöffnet. Wir Männer geben die Scouts und schauen uns den Laden mal von innen an. Wir betreten den ersten Raum, der wie gewöhnlich der Schankraum ist, in dem einige Männer nach getaner Arbeit, welcher auch immer, ein kühles Bier genießen. Durch einen Wanddurchlass geht es in den nächsten Raum. Allerding bleiben wir mit unseren Schuhen am Teppich kleben, der dermaßen versifft ist, dass wir die Frauen nicht über diesen Weg in das Lokal bekommen. Wir entdecken einen kleinen Seiteneingang und stehen plötzlich inmitten eines Speiseraums mit 6 Tischen. Ein Tisch ist bereits mit einer XXL Familie belegt. Nicht die Anzahl der Kinder bestimmt das

XXL, es ist die Körpermasse von Vater und Mutter. Das dazugehörige Töchterchen, vielleicht 14 maximal 15 Jahre, möchte seinen Eltern aber auch in nichts nachstehen. Wenn das Stammgäste sind, auf jeden Fall handelt es sich um Einheimische, dann muss das Essen gut sein und die Portionen ordentlich. An der Stirnseite des Gastraumes befindet sich eine Durchreiche an der man die Getränke in Empfang nimmt und das Essen bestellt. Auch hier lassen wir die Frauen nicht näher-kommen. Die Einrichtung des Bestellraumes ist aus den frühen 50er Jahren und könnte dringend einen Lappen mit Meister Propper gebrauchen.

Montag ist Burger Tag. Da kann man nicht viel falsch machen und bevor wir uns eine kalte Platte aus dem Supermarkt zusammenstellen, essen wir heute landestypisch; schmutzig und fettig. Egal wie der Laden aussieht, die Burger sind durchweg sehr gut und die Bedienung hatte saubere Finger. Als wir aus dem Restaurant wieder auf die Straße treten, schauen wir uns das Hotel noch einmal genau an. Der erste Stock ist umgeben von einem durchgehenden Balkon wie man ihn aus den Western kennt. Die Balustrade sieht mitgenommen aus und viele der schmutzigen Fenster sind zersprungen. Wir können uns kaum vorstellen, dass hier wirklich noch jemand wohnen möchte, aber während des Essens kamen einige Leute in den Gastraum aus dem Zugang vom Hotel.

Unser abendlicher Spaziergang führt uns an das Wasser, direkt neben unserer Herberge. Ein großer Parkplatz lässt auf ein betriebsames Strandleben schließen. Heute rotten sich hier nur Jugendliche zusammen, die in der eingesetzten Dunkelheit keinen vertrauenserweckenden Eindruck machen. Ein bis zwei Autos und dazu immer 5 – 6 junge Leute in muscle shirts. Ab und an jagt ein neues Auto mit hoher Geschwindigkeit auf den Parkplatz oder eines fährt mit quietschenden Reifen von dannen. Zeit für uns in die Quartiere zurückzukehren und dem bunten Treiben von weitem zu zuhören. Das brüllen der Motoren und quietschen der Reifen wird uns noch bis spät nach Mitternacht begleiten.

Dienstag, der 28.2.2017

Frühstück in der kleinen Stube, eine halbe Treppe über dem Supermarkt, und mit Ausblick von der kleinen Terrasse auf den Spielplatz. Auf dem machen sich gerade Arbeiter zu schaffen und bringen die Spielgeräte in Ordnung. Gut, dass wir etwas zu beobachten haben, denn unsere Bestellung dauert eine Ewigkeit. Wir sind zwar die einzigen Gäste im Lokal, aber die Bedienung hat alle Zeit der Welt und schläft fast bei der Produktion von 3 Kaffee, einem Tee und vier Sandwiches ein. Dafür ist dann aber auch alles frisch, wenngleich es auch nicht immer appetitlich aussieht. In allen Frühstücksstuben war es bisher üblich den belegten Croissant frisch und warm zu servieren. Man bedient sich dabei einer Sandwichpresse in der der Croissant erwärmt wird. Leider ist er danach auf 5mm geschrumpft bzw. gedrückt. Schön und luftig ist anders, schmecken tut es trotzdem.

Bevor wir unsere nächste Etappe in Angriff nehmen, überzeugen wir uns von ausreichenden Vorräten an Wasser, Obst und Keksen. Heute geht es in das Outback. 6 Stunden Fahrt erwarten uns vier am heutigen Tag. Coober Peddy, eine alte Opalstadt mitten in der Wüste ist unser Ziel. Wir verlassen Port Augusta auf dem Stuart Highway und es dauert nicht lange, da begegnet uns auch schon der erste Road Train. Diese Trucks bestehen aus einem Sattelfahrzeug mit zwei bis drei Anhängern und sind heutzutage die wichtigsten Transportmittel zwischen dem Norden und Süden Australiens. Sie erreichen eine maximale Länge von 53,50 Meter und brausen mit 100 Stundenkilometer über das schmale Asphaltband durch die rote Wüste.

Die ersten Kilometer führen uns durch den Flinders-Chase-Nationalpark. Eine Landschaft die durch ihre mehrfarbigen Erhebungen links und rechts der Straße besticht. Die verschiedenen Tönungen der Hügel erklären sich aus den verschiedenen Sedimentschichten, die im Laufe der Jahrhunderte freigelegt wurden. Nach einiger Zeit wird die Landschaft immer flacher und man bekommt langsam ein Gefühl für die Weite. Immer wieder tauchen riesengroße Schilder am Straßenrand auf, die vor weidenden Kühen warnen, die eventuell auf die Straße laufen könnten. Unter dem Piktogramm der Kühe gibt es die Warnung in Englisch, Deutsch und Chinesisch. Witzig wie man sich hier auf die Touristen einstellt. Scheinbar ist Australien bei Deutschen nicht nur als „work and travel" beliebt.

Parallel zu den Warn-
hinweisen gibt es im-
mer kleinere Schilder
mit dem Namen der
Ranches, die sich
rechts und links der
Straße befinden. Oft
fahren wir zig Kilome-
ter bis ein Schild, ein
in den Asphalt einge-
lassener Tierrost und
ein kleiner Zaun in der
Wüste auf die Grenze
einer Ranch hinwei-

sen. Die Farmer leben hier in Dimensionen, die für uns
kaum vorstellbar sind. Apropos Vorstellung: Das Outback hatte ich mir ganz anders vorgestellt. Die Erde
neben dem schwarz flimmernden Asphalt ist zwar rot,
aber es ist eine fruchtbare Wüste. Es gibt einen stetigen
Wechsel zwischen Gebieten mit kleinen Sträuchern
und mittelhohen Bäumen. Eine immergrüne Wüste
sozusagen.

Der Verkehr der uns entgegenkommt hat inzwischen
merklich nachgelassen. Während uns nach dem Verlassen von Port Augusta noch alle 5 – 10 Minuten ein
Fahrzeug entgegenkam, haben wir schon eine halbe
Stunde keinen anderen Menschen mehr gesichtet. Wir
haben nur uns und die unerschöpfliche Musikdatei von

Thommi`s Handy. Das ist auch alles für was man das Handy hier nutzen kann. Selbstverständlich gibt es hier draußen keinerlei Empfang. Bei einer Panne ist man auf die Hilfe anderer Autofahrer angewiesen. Immerhin taucht nach der Hälfte der Strecke eine Art Tank und Rast auf, deren Schilder den besten Kaffee im ganzen Bundesstaat anpreisen. Wer kann da schon widerstehen und eine Toilette gibt es hier auch noch.

Man muss aus besonderem Holz geschnitzt sein, wenn man so einen Laden unterhält. Von außen schon wenig ansehnlich, bietet sich innen ein kaum besseres Bild. Es ist so abenteuerlich, aber man ist es hier auch nicht anders gewohnt. Der Schuppen wurde irgendwann mal wüst zusammengezimmert und so steht er vermutlich weiter bis er umfällt. Das Warenangebot bietet alles was man auf dem Weg durch die Wüste vermissen könnte und die Preise sind trotz der monopolistischen Lage moderat. Die Toiletten befinden sich in kurzer Entfernung zum Gastraum der Raststätte und müssen erst auf Schlangen und Spinnen inspiziert werden. Keine böse Überraschung, nur eine Hornisse hat sich ihre Behausung direkt über dem Pissoir gebaut. Die gilt es im Blick zu behalten. Frisch gestärkt und beindruckt von der  Einsamkeit der Hütte fahren wir weiter.

Nach einigen Kilometern halten wir am Lake Hart, einem riesigen Salzsee, der direkt an den Highway heranreicht. Man hat hier extra einen Parkplatz errichtet, damit man sich die weiße Pracht in Ruhe ansehen kann. Allerdings macht das bei 50° Grad in der Sonne nicht viel Spaß und zudem werden wir sofort nach dem Aussteigen von kleinen Fliegen belagert. Zwei Stunden später zeugen neben der Straße kleine zylinderförmige Hügel von der Nähe unseres heutigen Nachtquartiers, Coober Pedy. An der Abzweigung zur Stadt mit 1.700 Einwohnern weist ein ausgedienter Lastwagen mit einem Saugtrichter auf den Ortseingang hin. „Coober Pedy" ist eine englische Schreibweise des Aborigine-Begriffs *kupa piti*, was so viel heißt wie „des weißen Mannes Loch". Seitdem man 1915 hier eine Opal-Ader entdeckte ist der Bergarbeiterort immer noch das Domizil von emsigen Opalgräbern, die auf das große Glück hoffen.

Gleichzeitig ist es auch der einzige Ort der auf der Strecke zum Ayers Rock liegt. Fast in der Mitte der Strecke gelegen machen hier einige Touristen einen Zwischenhalt. Neben vielen kleinen Geschäften die Opale verkaufen gibt es auch einige Hotels im Ort. Einige werben mit Zimmern die sich unter Tage befinden und genau das ist es was wir ausprobieren wollten.

Bei unseren Gesprächen war die heutige Unterkunft überhaupt noch kein Thema gewesen, aber jetzt beim

Erreichen unseres Ziels wird auch klar warum. Jeder von uns hat sich seine Gedanken gemacht, was man sich „unter Tage" vorzustellen hat. Wie viele Stockwerke wird es nach unten gehen? Wie sieht der Aufzug aus? Ein Gitterkäfig oder ein moderner Lift? Nichts von alledem. Es handelt sich um einen kleinen Berg, in dem die Mine damals gesprengt wurde. Heute sind es eben Zimmer ohne Tageslicht mit lackierten Steinwänden, die die charakteristische Struktur des Abbaus mit kleinem Gerät haben. Ungewöhnlich, aber keineswegs bedrohlich.

Wir sind gut in der Zeit und einen kleinen Pool hat unser Hotel auch. Bevor wir diesen nutzen, überzeuge ich meine Mitreisenden noch zu einem kleinen Spaziergang zu diesem sehr öde wirkenden Ort. Klar, bei

diesen   Temperaturen   ist
jetzt keiner außer uns auf der Straße. Aber ich suche ein griechisches Restaurant, das es in einen Reiseführer als Geheimtipp geschafft hat. Ein Grieche mitten im Outback, das ist doch was Besonderes. Leider ist das Lokal ein Spiegelbild des gesamten Ortes, einsam und

verlassen. Ein wenig traurig treten wir den Heimweg an und schauen bei dieser Gelegenheit nach möglichen Alternativen für das Abendessen. Weit und breit ist in dieser Gegend kein anderes Lokal zu finden und wir reservieren vorsichtshalber einen Tisch im Restaurant unseres Hotels. Bis dahin vergnügen wir uns am Pool. Zwischendurch skypen wir anlässlich des 78.ten Geburtstag meiner Mutter mit Berlin. Gemeinsam singen wir ihr ein Ständchen und prosten ihr mit einer Dose Bier in Badekleidung zu.

Inzwischen hungrig, erklimmen wir den zweiten oberirdischen Stock des Hotels indem sich das edle Restaurant befindet. Es ist ein großer Speisesaal mit weiß eingedecktem Tischen. Obwohl das Restaurant total leer ist, führt man uns an den nächstbesten Tisch, direkt im Kreuzgang zwischen Tresen und Küche. Hier kommt eine gewisse Bequemlichkeit des Personals durch, das sich nicht viel bewegen möchte und höflich bitten wir um einen anderen Tisch. Unserer Bitte kommt man freundlich nach und bei der Frage nach den Getränken erweist sich unser Server wieder einmal als deutscher work and travel Tourist. Völlig uninformiert landete er vor drei Wochen in dieser Einöde, da ein Freund ihm diese Stelle vermittelt hat, und nun zählt er die Tage bis es für ihn weitergehen kann. „Am Tage bleibst du am besten in klimatisierten Räumen und abends muss ich arbeiten"; Traumjob. Seine Empfehlung ist allerdings aller Bonheur. Tommi und ich genießen einen Känguru

Sattel, das Filet des Beuteltieres auf den Punkt zuberei-
tet und ein wahrer Gaumenschmaus.

Unsere Bedienung führt uns nach dem Essen, zum
Dank für das fürstliche Trinkgeld, noch über den Hin-
tereingang auf eine Anhöhe, von der aus man einen
guten Überblick über diesen toten Ort mit seinen hun-
dertfachen kleinen Erdhügeln hat. Jeder Erdhügel ist
das Ergebnis der unterirdischen Bemühungen auf eine
Opal Ader zu stoßen.

Die Abenddämmerung geht bereits in eine besonders
dunkle Nacht über, als wir uns noch einmal am Pool
niederlassen. Bei einem kühlen Getränk wollen wir den
Tag Revue passieren lassen und uns die nötige Bett-
schwere holen. Von der Straße dringt inzwischen Musik und Gemurmel, was mich neugierig werden lässt.
Ich überrede Tommi dazu, noch einmal das Hotelgelände zu verlassen und nach dem Griechen zu schauen.
Als wir durch die Hoteleinfahrt auf die Straße gelangen, grölen und tanzen uns ein paar alkoholisierte Jugendliche Aborigines auf dem Gehweg entgegen. Wir
schlängeln uns durch den Pulk und werden kurze Zeit
später vom Griechen ein zweites Mal enttäuscht. Auf
dem Rückweg ist die Stimmung der Jugendlichen noch
exzessiver und Thommi drängt mich zum Wechsel der
Straßenseite. Ich halte dagegen, dass uns die Feiernden
ebenso auf die andere Seite begleiten könnten und for-
dere ihn auf ohne direkten Blickkontakt und selbstbe-

wusst durch die Menge zu gehen. In irgendeinem Reiseführer habe ich mal gelesen, dass man Aborigine nicht in die Augen schauen soll, da man Ihnen sonst die Ehre nimmt. Unbehelligt und froh erreichen wir unser Hotelgelände und holen Katrin und Bine am Pool ab. Wir werden lieber ins Zimmer wechseln, bevor die Meute die Scheu verliert und die Straßenparty in den Hof des Hotels verlegt.

Mittwoch, der 1.3.2017

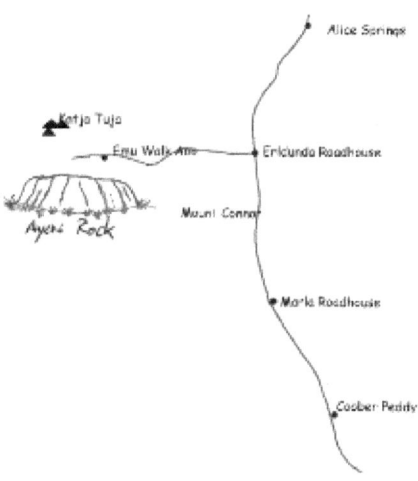

In der ungewohnten Umgebung unserer Zimmer, ist es uns trotzdem gelungen ausreichend Schlaf zu finden und so brechen wir ausgeschlafen in den zweiten Teil der Wüstendurchquerung auf. Nochmals 8 Stunden durch den roten Sand stehen heute auf dem Plan bevor wir den heiligen Berg der Aborigines sehen werden. Mangels Alternativen, wo man frühstücken könnte, nehmen wir in dem kleinen Café des Hotels, welches sich ebenfalls unter der Erde befindet, einen kleinen Snack zu uns. Ansonsten haben wir noch Kekse und ein paar Äpfel im Auto und die Hoffnung, dass es auf der vor uns liegenden Strecke nochmal so eine abenteuerliche Raststätte gibt wie gestern.

Es kommt sogar noch besser. Nach 4 Stunden erreichen wir das Kulgera Hotel. Ein hölzerner Flachbau mit schäbigen Anstrich und kreuz und quer genagelten Brettern. Aber wir sind nicht allein. Ein ganzer Trupp der australischen Armee macht hier Station um ihre Fahrzeuge zu tanken. Was für ein Geschäft für den Besitzer des Schuppens. Wahrscheinlich ist er anlässlich der klingenden Kasse so wohl gelaunt und seine Frau versorgt uns nebenbei mit Getränken und einem kleinen Imbiss. Bine entdeckt ein paar Bilder die von Aborigines traditionell gemalt werden und entscheidet sich prompt für den Kauf eines blauen Tupfenmotivs. Der Versuch des Handels scheitert mit dem Hinweis, dass man für diese Bilder, in dieser Größe und dazu noch handsigniert, in Alice Springs gut und gerne das doppelt oder dreifache zahlt. Für rund 100 Euro wechselt das Bild seinen Besitzer und Bine überlegt schon, wo das Kunstwerk zu Hause hängen wird.

Der Nebenraum des Kassen- und Imbissraumes, indem wir uns gerade befinden, scheint sonst als Partyraum genutzt zu werden. Die gesamte Decke hängt voller Basecaps und auch die Wände sind mit hunderten Devotionalien bedeckt. Auch der Tresen ist so voll, dass man kaum die Oberfläche erkennen kann. Draußen im Garten auf dem Weg zur Toilette hängt eine Wäschespinne mit hunderten einzelnen Turnschuhen. Es ist schon ein merkwürdiger kleiner Hort. Auf dem Parkplatz treffen wir noch zwei junge Mädchen und einen jungen Mann, die gerade aus ihrem Kleinwagen steigen. Der rote Aufkleber mit dem „P" auf dem Heck des PKW weckt mein Interesse, da ich es schon oft an den Autos gesehen habe. Bisher habe ich keinen Anhaltspunkt gefunden, wofür dieses Zeichen steht. Zufällig handelt es sich bei den Mädchen, um Deutsche Urlauberinnen, die mit Ihrem australischen Freund ebenfalls zum Ayers Rock wollen. Die Kennzeichnung am Auto bedeutet einen Fahranfänger im Alter zwischen 18 und 20 Jahren, der ohne Begleitung eines Erwachsenen in der Probezeit ist. Somit haben wir das auch geklärt!

Wir setzen unsere Fahrt fort und nach kurzer Zeit werden wir mit einem Werbeschild auf die nächste Filiale der Systemgastronomie von McDonald's aufmerksam gemacht. Nur noch 420 km, dann winkt dem Liebhaber eines saftigen Burgers eine Hackfleischbulette in Alice Springs. Wir biegen jedoch nach 80 km nach links ab und suchen alsbald den Horizont nach dem roten Berg ab. Kurze Zeit später sehen wir uns auch vermeintlich am Ziel. Links von uns entdecken wir einen Berg inmitten des flachen Geländes. Aber sofort kommen Zweifel auf. Weder leuchtet diese Anhöhe in dem von uns erwarteten rot, noch verfügt er über eine rundliche Kuppe. Ein schneller Blick in den Reiseführer durch unsere Tripmädels im Fonds, ermittelt sofort den Mount Connor als vermeintlichen Uluru, wie der Ayers Rock in der Eingeborenensprache heißt. Kurze Zeit später erreichen wir das Hinweisschild der Emu Appartements Anlage, wo wir wohnen werden. Wir fahren

noch ein Stück weiter um ein Gefühl für die Entfernung zum Nationalpark des Ayers Rock zu bekommen. Am Mauthäuschen kaufen wir dann auch gleich die drei Tage gültigen Eintrittskarten für den Nationalpark, fahren kurz die Strecke bis zum Parkplatz und dem Touristenzentrum im Nationalpark ab, und kehren in Richtung Nachtquartier wieder um.

Das Resort besteht aus drei Hotels, von dem eines gerade komplett renoviert wird und einer kleinen Ladenzeile mit jeweils drei Souvenirläden und zwei kleinen Restaurants. Eine Tankstelle gibt es natürlich auch. Wir haben ein großes Appartement und die Zimmerverteilung innerhalb des Appartements läuft wie gewohnt ohne Probleme. Thommi und ich gehen schon mal auf Entdeckungstour. Im zweiten Hotel gibt es ebenfalls ein Restaurant und dieses wurde uns von der Empfangsdame unseres Appartementhauses empfohlen. Da es üblicherweise abends sehr voll ist, reserviert sie für uns gleich einen Tisch. Wir befinden das Restaurant für angemessen und stärken uns im äußeren Barbecue Bereich mit einem kühlen Bier. Dann schreiten wir den schmalen Pfad durch das kniehohe Gras zurück zu unserer Unterkunft, um die Mädels abzuholen. Vor dem Essen wollen wir noch den Sonnenuntergang am Ayers Rock miterleben. Ein absolutes must have.

Wir fahren gerade gemäßigten Tempos auf den Sonnenuntergangsparkplatz, als ein roter BMW schon ge-

nug gesehen hat. Beherzt setzt er rückwärts aus der Parklücke. In gefühlter Zeitlupe versuche ich mit dem Heck noch um die näher kommende Stoß- stange des BMW zu kommen, aber leider klappt das nicht mehr. Er erwischt uns in Höhe des hinteren Rei- fens und fügt unserem SUV Schrammen und Dellen zu. Gott sei Dank bleibt die Hinterachse verschont. Thommi hat während des nahenden Zusammenstoßes lauthals in unserem Wagen versucht den Unfallfahrer zu warnen, aber damit nur für unseren Tinitus gesorgt. Als ich aussteige, ist der Fahrer des BMW untröstlich und total überfordert mit der Situation. Es sei sein ers- ter Unfall, versichert mir der gebürtige Italiener, der jetzt in Melbourne lebt. Ich lasse mir seine Versiche- rungspapiere geben, die er glücklicherweise im Hand- schuhfach aufbewahrt, fotografiere diese und den Schaden an unserem und seinem Auto. Seine Rück- leuchte ist herausgebrochen und genau die Ecke der hinteren Karosserie hat eine Delle abbekommen. We- gen des Mietwagens muss der Schaden natürlich poli- zeilich aufgenommen werden. Er fängt an zu telefonieren und wir erfahren, dass es eine Polizeistati- on im Emu Resort gibt. Um uns den Sonnenuntergang nicht zu vermiesen, schlage ich vor, dass wir alle das Schauspiel erst einmal genießen und uns danach vor der Polizeistation treffen. Obwohl der Italiener gerne auf die Polizei verzichtet hätte, ist er mit meinem Lösungsvorschlag einverstanden.

Leider hat sich der Himmel etwas bezogen und die Sonne geht ohne großartiges Farbenspiel unter. Passt irgendwie zu diesem Abend. Egal, wir machen trotzdem unzählige Fotos, vom Berg, von uns und von Anderen, die uns darum bitten. Auch die beiden Mädchen mit ihrem australischen Freund haben es zum Sonnenuntergang geschafft und begrüßen uns herzlich. Auf dem Weg zurück in das Resort erreicht mich eine SMS vom Italiener: Die Polizei hat zu. Ich teile ihm mit, er möge kurz warten und nach fünf weiteren Minuten treffen wir ihn vor der geschlossenen Polizeistation. In dringenden Fällen rät man zur telefonischen Meldung in Alice Springs, immerhin 7 Stunden entfernt. Ansonsten hat die Polizei von 10.00 – 18.00 Uhr geöffnet. Das ist natürlich eine total blöde Zeit, da wir morgen früh den Ayers Rock zu Fuß umrunden wollen. Das dauert rund 3 Stunden und ist in der Mittagshitze nicht ratsam. Ich frage meinen Unfallgegner, was er denn morgen vorhätte. „Den Sonnenaufgang bewundern ohne jemand anderen das Auto kaputt zu fahren" lautet seine Antwort und wir lachen alle. Ich schlage ihm vor, dies auch zu tun. Danach möge er bitte die polizeiliche Meldung machen und wir würden nach unserer Exkursion ebenfalls zur Polizei zurückkehren und uns melden. Mir ist das Ganze inzwischen so ziemlich egal. Wir haben schließlich eine Vollkaskoversicherung mit Übernahme der 2.500 Aus$ Selbstbeteiligung durch den deutschen Anbieter und ob nun der Italiener seine Schuld zugibt oder nicht, wahrscheinlich egal.

Den reservierten Tisch im Restaurant erreichen wir dennoch pünktlich und den Appetit auf das Essen lassen wir uns durch diesen Zwischenfall nicht vermiesen. Leider ist die Stimmung danach in unserem Appartement doch etwas bedrückt und relativ schnell gehen wir alle zu Bett.

Donnerstag. 2.3.2017

Ich bin wieder einmal als erstes wach und setze mich auf den Balkon. Da der Ausblick auf den Parkplatz nicht der schönste ist, mache ich mich an die Meldung des Unfalls bei unserer Autovermietung. Da gestern keiner an das Telefon gegangen ist, schicke ich die Meldung per E-Mail, mit allen Informationen die ich dazu habe. Das muss erstmal reichen. Schließlich ist das Auto fahrbereit und wir werden Alice Springs mit dem Auto locker erreichen.

Das einzige offene Lokal kurz nach 8 Uhr morgens auf unserem Marktplatz ist das Gecko`s Café. Das Frühstück ist als Buffet angerichtet und kostet den schmalen Taler von 28 € pro Person. Das ist uns dann für ein schnell eingenommenes Frühstück etwas zu viel. Das kleine Frühstückscafé „Red Rock Deli" auf der gegenüberliegenden Seite öffnet erst um 9 Uhr, aber hinter dem Tresen stehen schon vier Mitarbeiterinnen bereit. Ich versuche meinen Charme spielen zu lassen, öffne die unverschlossene Tür und frage nach der Möglichkeit schon vor der offiziellen Öffnung ein Sandwich zu bekommen. Keine Chance. Ich werde angelächelt und man gibt mir zu verstehen, dass es hier nichts vor 9:00 gibt. Also schnell zurück zum Zimmer. Kaffee und Kekse müssen als Stärkung für die folgende Wanderung ausreichen. Wir greifen uns noch ausreichend Wasserflaschen und ab geht es mit dem Auto in das Naturschutzgebiet des Uluru. Wir wählen als Ausgangspunkt den Climb Carpark für unsere Rundwanderung. Dies ist momentan auch noch der Startpunkt für die Besteigung des Ayers Rock. Den Eingeborenen ein Dorn im Auge und ab 2019 ist es auch endgültig verboten, den heiligen Berg zu besteigen. Bei der Anfahrt können wir am Rand des Monolithen einige Wanderer sehen und auch auf dem Parkplatz stehen schon einige Autos. Für die geführte Wanderung ist es aber leider schon zu spät. Ein Ranger bietet auf einem Ausschnitt des Uluru eine Wanderung an, bei der er noch einiges zu den Highlights erklärt.

Für uns heißt es also wieder selbst entdecken und erklären, dank Reiseführer, Touristeninformation und natürlich Google. Jeder hat für sich drei Wasserflaschen dabei. Das sind knapp 2 Liter, die Füllmenge der kleinen Flaschen beträgt in Australien 600 ml, und die sollten auf dem Rundwanderweg reichen. Ganz dicht am Berg beginnt der ausgeschilderte Wanderweg. Immer wieder gibt es kleine Abstecher die direkt an den Berg führen. Meist sind es kleinere Höhlen, die den

Bewohnern Schutz vor dem Wetter boten und als Gemeinschaftsräume oder Schulzimmer dienten. Die Höhlenmalerei ist immer noch deutlich zu erkennen. Bereits an der zweiten Ausbuchtung treffen wir auf die geführte Wanderung. Da diese auch an dieser Stelle bereits wieder endet, setzen wir unseren Weg fort. Nach kurzer Zeit machen uns Schilder auf das Fotoverbot

aufmerksam. Wir befinden uns jetzt an einer heiligen Stelle, die den Männern für Zusammenkünfte diente. Der Weg führt uns in dieser Phase ziemlich weit weg vom Stein. Der Boden ist auch hier nicht karg, links und rechts des ausgetretenen roten Pfades wachsen üppige grüne Sträucher. Der Berg verändert immer wieder sein Gesicht. Die vielen Furchen im roten Gestein und die Schatten bringen ständig einen anderen Anblick. Wir dürfen inzwischen wieder fotografieren und sind schon eine Stunde in der gleißenden Sonne unterwegs. Das Gesicht schützen wir mit einer Fliegengaze. Diesen Schutz hatte Katrin schon in Berlin besorgt, da sie von den kleinen fiesen Fliegen gehört hatte. Die Fliegen steuern sehr konzentriert die Augen, Mund, Nasenlöcher und Ohren an. Selbst mit diesem Schutz versuchen immer noch einige Fliegen ihr Ziel zu erreichen. Wir sehen zwar sehr komisch aus, so ein bisschen wie Imker auf Sommerurlaub. aber es hat sich gelohnt. Ohne die Gaze hätten wir keine halbe Stunde ausgehalten. An der südlichen Spitze der Umrundung sind wir jetzt gefühlte 300 Meter vom Uluru entfernt. Beim Betrachten der Felsformation ergibt sich, mit etwas Phantasie, aus den schattigen und sonnen beschienenen Furchen das Abbild eines Aborigines. Als hätte man sein Gesicht mit Absicht in den Felsen geschlagen. Ich hoffe das kommt auf einem der Fotos auch so rüber.

Wir erreichen die nächste Zone mit einem Fotoverbot. Diesmal ist es die Seite der Frauen mit den Geheimnissen.

Auch dieses Erbe respektieren wir und speichern die Eindrücke in der uns eigenen Festplatte im Kopf. Nach zwei Stunden erreichen wir die erste Sanitäts- und Wasserstation auf dem Rundweg. In einem bunt bemalten Kasten wird hier Wasser für die dürstenden Wanderer gespeichert. Der Speicher ist mit einem natürlichen Dach aus Steppengras versehen. Dieses Dach bietet zusätzlich etwas Schatten im Umkreis von ca. 1 Meter neben dem Speicher und somit bietet sich hier die Gelegenheit ein wenig im Schatten auszuruhen. Wir trinken allerdings unser eigenes Wasser, da wir nicht wissen, wann der Speicher das letzte Mal aufgefüllt wurde. An diesem Punkt treffen wir auch wieder auf die Versorgungsstraße, die eigens für Touristen gebaut wurde, um entweder verunfallte Touristen zu bergen oder faule Asiaten mit dem Bus bis zu einer besonderen Stelle am

Uluru zu fahren. Diese Asiaten kommen gerade beschirmt vom Berg zurück und flüchten in den klimatisierten Bus. Wir setzen unseren Spaziergang bei 40° Grad im Schatten, schön wenn es welchen geben würde, fort.

Wir befinden uns jetzt auf der Südseite des Uluru, scheinbar der Wetterseite. Man kann deutlich erkennen, dass es sich hier öfters einmal abregnet. Die Vegetation ist wesentlich üppiger. Es gibt sogar kleinere Bäume und alsbald stoßen wir auf einen kleinen See am Fuße des Uluru. Dieser wird gespeist aus einem kleinen Wasserrinnsal, welches aus großer Höhe den Berg herunterrinnt. Nach 2 ½ Stunden erreichen wir dann die Nordseite des Uluru. Die steinerne Schlange ist mit etwas Phantasie zu erkennen, wie sie auf dem Boden liegt. Sie ist ein heiliges Tier der Aborigine und markiert einen flachen kleinen Ausläufer. Kurze Zeit später erreichen wir das Touristenbüro und das Museum. Hier kann man die Geschichte des Uluru noch einmal vertiefen. Daneben bieten Souvenirläden alles rund um den Berg an und dazu gehören natürlich auch die berühmten Tupfenbilder. Wir vorhergesagt sind diese Kunstwerke tatsächlich dreimal so teuer wie das von uns erstandene.

Im Zentrum erfahren wir einiges mehr über den Uluru. Seit mehr als 10.000 Jahre leben hier die Anangu, ein Stamm der Aborigines. 1873 wurde der Monolith dann vom ersten Europäer, William Gosse, entdeckt der ihn Ayers Rock nannte. Der Name bezog sich auf Henry Ayers, den seinerzeitigen südaustralischen Premier. 1920 errichtete man ein Reservat für die Aborigines und erst im Jahre 1977, nach etlichen Protesten, sprach man den Ureinwohnern wieder die Landrechte zu. Die Aborigines wollten aber mehr und klagten sich die Eigentumsrechte ein. Diese wurden dann 1985 feierlich mit der Eigentumsurkunde bestätigt, bevor man 10 Minuten später den Weißen das Land für die nächsten 99 Jahre wieder verpachtete. Heute wird das Land paritätisch von Aborigines und Weißen verwaltet. Das ewige Katz und Maus Spiel hat das Vertrauen der Aborigines in die „Weißen" nicht gerade gestärkt. Da ist es kein Wunder, dass das Verhältnis zwischen den beiden Kulturen nicht das Beste ist. Wie ein Spiegel wirkt da die Szene in einem kleinen Kunstatelier im Touristenzentrum. Junge Australier beaufsichtigen noch jüngere Aborigines beim Erlernen der Tupfentechnik. Beide Parteien haben wenig Lust an der Arbeit und alles juchzt und springt in der Gegend herum.

Nach dieser kurzen Pause treten wir den letzten Kilometer des Rundwanderweges an und erreichen nach insgesamt 3½ Stunden Wanderung den Ausgangspunkt wieder. Inzwischen ist unser Auto das einzig verbliebene. Es bestärkt unsere Vermutung, dass wir eigentlich viel zu spät aufgebrochen sind und wir uns somit den Temperaturen ausgesetzt haben, die man sich eigentlich erspart. Sobald wir unsere Moskitonetze vom Kopf nehmen, machen die kleinen lästigen Fliegen Jagd auf unsere Gesichtsöffnungen. Der Rundweg war eine tolle Erfahrung und wir werden ihn noch lange in Erinnerung behalten, wie auch den feinen roten Sand in und an unseren Schuhen.

Wir lassen die nächste Flasche Wasser durch unsere Kehlen rinnen und beschließen noch die Bergkette von

Kata Tjula zu besuchen. Zumindest ein wenig mit dem Auto heranfahren und dann noch ein paar Fotos machen. Die Frauen haben keine Lust mehr zu Laufen und wir wollen ja auch noch zur Polizeistation. Rein vorsorglich, den unser Unfallgegner hatte mir heute Vormittag, als wir gerade unsere Wanderung begonnen hatten, eine SMS mit dem polizeilichen Aktenzeichen geschickt. Auf ihn ist wirklich verlass. Kaja Tjula ist der Name der Aborigine für eine Hügelkette aus 36 runden Bergkuppen, die sich auch in diesem Nationalpark befinden. Der Name setzt sich aus Kata (Kopf) und Tjula (Viele) zusammen. Die Australier nennen diese Bergkette die Olgas. Den Namen bekamen sie von seinem Entdecker Ernest Giles. Er benannte die Bergkette nach Olga von Württemberg, der er sich aufgrund jahrelanger finanzieller Unterstützung bei seinen Expeditionen verpflichtet sah. Nach einigen Kilometern erreichen wir einen schönen Lookout, von dem man einen tollen Blick über die gesamte Bergkette hat. Da der Aussichtspunkt einige Meter vom Parkplatz entfernt liegt und der Weg bergan geht, entschließen sich die Mädels spontan im Auto zu warten. Die Hügelkette liegt karminrot vor uns und aufgrund der Schönheit wollen wir mit dem Auto noch ein Stückchen weiter heranfahren. Direkt vor Ort müssen wir aber feststellen, dass der Aussichtspunkt schon den besten Blick geboten hat. Da auch wir langsam müde werden und wir den roten Sand auf dem gesamten

Körper spüren, kehren wir um und verlassen den Nationalpark.

Die Polizeistation ist gleichzeitig eine Art Bürgeramt und so sprechen wir erst mit einer Staatsangestellten, bevor wir dem Polizisten vorgestellt werden. Dieser hatte gerade auf dem Parkplatz eine Zigarette geraucht und begrüßt uns sofort mit den warmen Worten „Ja, Ja, der Unfall vom Ayers Rock Parkplatz". Es ist also alles mit rechten Dingen zugegangen, aber mehr als die Nummer bekommen wir nicht. Immerhin bestätigt mir der Polizist die Anerkenntnis der Schuld durch unseren Unfallgegner. Alles andere machen jetzt die Versicherer unter sich aus, bekommen wir noch gesagt, werden verabschiedet und dann geht es unter die wohlverdiente Dusche.

Da in der Natur nichts mehr zu entdecken ist, wollen wir in den Souvenirgeschäften noch ein wenig shoppen gehen und danach im Nahversorger unsere Wasservorräte auffrischen und ein paar Kekse für die morgige Überlandfahrt einkaufen. Relativ schnell können wir uns um die Lebensmittel kümmern. Man macht hier in Australien nicht nur pünktlich auf, man schließt auch pünktlich. Die hiesigen Geschäfte haben bis 17:00 Uhr geöffnet. Das bedeutet, das Kunden, also auch wir, 10 Minuten vor 17:00 im Laden daran erinnert werden, dass man gleich schließt. Man solle sich also entscheiden, ob man etwas kaufen möchte oder den Laden direkt verlässt. Prompt kommt es an der Tür zu Engpässen zwischen den verdutzen Kunden und den Verkäufern, die Aussteller und Warenkörbe flugs in den Laden deponieren, um pünktlich um 17:00 Uhr den Laden von

außen zu verschließen.

Auch an diesem Abend treffen sich alle Bewohner der EMU Lodge und der angrenzenden Campingplätze zum Sonnenuntergang auf dem Sundowner Parkplatz des Uluru. Der Himmel ist heute locker bewölkt und so rechnen wir fest mit dem wunderschönen Farbenspiel beim Untergang der Sonne. Wir werden nicht enttäuscht. Je tiefer die Sonne steht, umso markanter zeigt sich der Uluru in seiner allseits bekannten Röte. Das wunderbare Licht-Schattenspiel ist atemberaubend.

Fast minütlich ändert sich das Aussehen des Monolithen. Wir kosten das Schauspiel bis zum Ende aus und schießen eine Unmenge von Fotos mit und ohne uns im Vordergrund. Dann verabschieden wir uns sowohl vom Uluru als auch vom Nationalpark. Auf dem Marktplatz der Lodge erwischen wir glücklicherweise noch einen Tisch. Scheinbar zieht es nach dem Sundowner alle zum Essen und entsprechend ist das einzige offene Lokal besucht. Burger und Bier stehen auf unserer persönlichen Wunschliste und wir sind froh, dass die nicht üppige Speisekarte entsprechendes vorsieht. Mit einem Glas Wein in unserem Appartement beenden wir den erlebnisreichen Tag.

Freitag 3.3.2017

Beim morgendlichen Kaffee auf dem Balkon beobachte ich mit Thommi das Wendemanöver eines Supertrucks in der Enge des Parkplatzes. Vorher entlud der Fahrer frische Lebensmittel, wahrscheinlich für den Gemischtwarenladen. Pünktlich zur Öffnung des Cafés machen wir uns auf den Weg zum Frühstück. Die Ruhe und Gelassenheit der Australier ist absolut gewöhnungsbedürftig und völlig ungewohnt für uns. Die Lebensmittelladung des Trucks war auch für das Frühstückslokal. Die frischen, und lecker aussehenden Sandwichs wurden jedoch nicht schon vor Ladenöffnung in die Auslage gestapelt, sondern man fängt pünktlich um 9:00 mit dem Bestücken der Auslage an, während sich im Laden eine lange Schlange an Gästen bildet. Kein Kunde kann sein Frühstück bestellen, bevor die Auslage nicht komplett eingerichtet ist. Es dauert eine kleine Ewigkeit bis wir an der Reihe sind. Die Frauen haben inzwischen draußen einen Tisch besetzt und warten auf uns. Mit dem Orderzettel setzen wir uns dazu und warten auf die Lieferung der gemeinsam bestellten Leckereien. Wie so oft bekommen wir nur einen Teil der Bestellung und der zweite Teil dauert etwas länger. Wir beobachten die Servicekraft, wie sie mit unserem Essen durch die Gegend irrt. Leider gelingt es uns nicht sie an unseren Tisch zu lotsen. Nach einiger Zeit findet sie uns und entschuldigt sich mit den Worten „mein erster Tag". Thommi rutscht spontan heraus, dass es wohl auch nicht viele Tage werden. Soviel dazu. Nicht, dass es uns die Laune verdirbt, aber irgendwie ist das alles so unorganisiert und chaotisch, ohne dass die immer proklamierte Lässigkeit der Australier positiv zum Ausdruck kommt.

Nach dem Frühstück verstauen wir die Koffer im Auto und machen uns flott auf den Weg. Noch einmal liegen knapp 500 Kilometer Wüstendurchquerung vor uns, bevor wir Alice Springs erreichen. Zuerst geht es die Stichstraße bis zum Erldunda Roadhouse zurück, wo wir eine kleine Pause einlegen und uns mit Kaffee und Eis stärken. Im Gegensatz, zu den erlaubten 100 km/h auf den bisherigen Straßen in ganz Australien, ist auf dieser Straße nun eine Höchstgeschwindigkeit von 120 km/h erlaubt. Ich sitze neben dem Fahrer und erstaunlicherweise empfand ich die bisherige Geschwindigkeit als völlig ausreichend. Ein paar Kilometer weiter gesteht mir Thommi das gleiche Gefühl. Er drosselt die Geschwindigkeit und in aller Ruhe gleitet die Landschaft wieder an uns vorbei. Am Erldunda Roadhouse wechsele ich wieder auf den Fahrersitz. Wir haben uns schon die gesamte Zeit immer nach 2 Stunden abgewechselt. So wird man nicht müde und kann sich in den Beifahrerphasen in aller Gemütlichkeit die Gegend anschauen.

Kurz vor Alice Springs entdecken wir endlich auch wildlebende Kamele. Diese genügsamen Tiere wurden im 19. Jahrhundert von den Arabern in das Land gebracht, da sie sehr gut für Transporte durch die Wüsten genutzt werden konnten. Sie können große Lasten bewegen und benötigen sehr wenig Wasser. Die idealen Transporteure für die riesigen Wüstengebiete in Australien. Inzwischen soll es in Australien bis zu einer Million wilder Dromedare geben und aufgrund des Fehlens von natürlichen Feinden sind sie eine echte Plage geworden. Uns kam es bisher komisch vor, dass wir von dieser Plage noch nicht ein einziges Tier gesehen haben. Plötzlich entdecken wir tatsächlich zwei Tiere im Steppengras neben der Straße. Wir beschließen, dass es sich um wilde Kamele handelt, machen ein paar Fotos von den zotteligen Paarhufern und haken einen weiteren Punkt auf unserer „must see" Liste ab.

Wir erreichen den Stadtrand von Alice Springs und der Flughafen ist das Erste, was uns ins Auge fällt. Dann brauchen wir diesen wenigstens nicht mehr zu suchen. Suchen müssen wir aber einen Einkaufsladen. Wir wollen den Kindern ein besonderes Gebäck aus Australien mitbringen und haben dieses aufgrund der enthaltenden Schokolade bis zum letzten Tag hinausgezögert. Wir haben den Laden, der die Süßigkeit verkauft, gegoogelt und das Navi führt uns in eine etwas abgelegene Gegend der Stadt. Ich parke, warum auch immer, 50 m von dem Laden entfernt auf einem kleinen Parkplatz und wir gehen gemeinsam in das Geschäft. Kaum haben wir uns etwas orientiert, erscheint ein Aborigine. Aufgrund der Bekleidung gehe ich davon aus, dass es vielleicht ein Obdachloser ist, und prompt erscheint auch schon eine Polizistin in voller Montur, um seine Personalien festzustellen. Scheinbar hat das Personal sofort den Alarm ausgelöst. Thommi beschließt zum Auto zu gehen, da wir unser gesamtes Hab und Gut im Wagen haben und ihm die Gegend nicht geheuer ist. Umso erstaunter bin ich, als wir aus dem Laden kommen und Thommi direkt vor uns steht. Neben unserem Auto hat auf dem sonst leeren Parkplatz, ein weiteres Auto geparkt. Völlig verbeult, dreckig und teilweise keine Scheiben mehr. Im Inneren zwei grobe Männer passend zum Aussehen des Autos. Zwar steht der Polizeiwagen noch vor der Tür des Geschäftes, aber die ganze Sache ist Thommi suspekt, zumal er unsere Papiere in den Händen hält. Da der Wagen nicht von alleine zu uns kommt (wie lange dauert es eigentlich noch mit den selbstfahrenden Autos) beschließe ich den Wagen zu holen, während Thommi sich und die Mädels beschützt. Die Aborigines sehen wirklich nicht sehr vertrauenserweckend aus. Mit entschlossener Miene erreiche ich den Wagen, schließe auf, steige ein und fahre los. Der mysteriöse Wagen steht immer noch auf dem Parkplatz, als die Anderen bei mir einsteigen. Nächster Stopp ist unser Hotel, das Hilton in Alice Springs.

Es ist noch früh am Nachmittag und das Hotel hat einen sehr schönen Pool. Thommi und ich beschließen noch einmal zurück zu Flughafen zu fahren und das mit dem Auto zu klären, damit wir morgen früh keine Probleme bei der Rückgabe bekommen. Die Frauen sollen sich nach den langen Tagen im Auto am Pool ein wenig erholen und erfrischen.

Der Flughafen ist sehr übersichtlich und es gibt in der Schalterhalle, neben vier Abfertigungs- schaltern, auch drei offene Büros von Autovermietungen. Leider ist der Schalter von Hertz unbesetzt, aber die sehr nette Mitarbeiterin des Nachbarbüros hat den Mann von Hertz eben noch gesehen und verspricht uns, sich darum zu kümmern. Inzwischen wechseln wir an den einzig besetzten Schalter der Abfertigung und erkundigen uns, ob wir das Gepäck direkt nach Hongkong durchchecken können oder nochmal in Perth aufgeben müssen. Während sich die freundlichen Mitarbeiterinnen mit unserer Anfrage beschäftigen, sehe ich im Augenwinkel den hübschen Blondschopf der fremden Autovermietung zur Eingangstür sprinten und verschwinden. Nun sind wir mit den Mitarbeiterinnen des Bodenpersonals alleine und beschließen frustriert den Abgang aus dem Flughafen. Wenige Meter bevor wir die Tür des Terminals erreichen, öffnet sich diese und ein Endfünfziger betritt wortlos und ohne Mimik die Halle. Wir sind schon im Freien, da dreht sich Thommi nochmal um und sieht den eben an uns vorbeieilenden Endfünfziger hinter dem Tresen von Hertz. Also drehen wir wieder um und schildern dem desinteressierten Mitarbeiter unseren Fall. Das einzige was dem Mann, der zufrieden vor sich hin pfeift, zu unserer Geschichte einfällt, ist die Geste der offenen Hand und der Bemerkung 3000 Dollar. Das Auto will er sich nicht ansehen. Warum wir den Schaden nicht am Uluru bei Hertz gemeldet haben möchte er wissen und pfeift weiter lustig vor sich hin. Das ist mega arrogant und ich muss mich echt zusammennehmen, um nicht über den Tresen zu springen. Ich presse noch heraus, dass ich keine Vermietung von Hertz am Uluru gefunden habe und dass wir morgen den Schlüssel einfach einwerfen. Die Besetzung des Schalters beginnt laut Aushang eine Stunde nach unserem Abflug. Zumindest trotze ich ihm noch ein Ausfahrticket für den Parkplatz ab und dann merke ich, warum er so sauer ist. Er muss arbeiten. Er muss nun den gesamten Vorfall anlegen, da die E-Mail an Hertz nicht zum Fahrzeug abgelegt wurde. Wir lassen ihn mit allen Unterlagen zum Schaden allein und gehen; ohne zu pfeifen.

Auf dem Rückweg machen wir noch einen Halt beim Museum der „National Road Transport Hall of Fame", der Eisenbahn. Thommi ist ein echter Eisenbahnfan und hatte sich mit der Nord - Süd Verbindung durch die Wüste beschäftigt. Hier in Alice Springs gibt zu dieser historischen Linie eine Ausstellung. Vier ältere Rentner stehen auf dem Parkplatz des Museums, sie sind die einzigen Besucher und erzählen uns von ihrer Enttäuschung zu der gezeigten Bahn. Wir schauen uns eine schlecht erhaltene Lok im Außenbereich an und Thommi entscheidet sich gegen einen Besuch des Rests. Wir beschließen eine Tankstelle zu suchen und das Auto aufzufüllen, damit wir morgen früh nicht zu viel Zeit benötigen. Auf der Tankstelle begegnen wir wieder den beiden Aborigines in ihrem zerbeulten Auto und wie von Zauberhand gelenkt, ist die Polizei auch schon da. Irgendwie tönt uns das ziemlich ab. Auf dem Weg zurück zum Hotel checken wir noch kurz eine Sportsbar für ein mögliches Abendessen und dann freuen wir uns auf den Pool.

Wir erzählen am und im Pool von unseren Erlebnissen der letzten Stunde und von unserer Entscheidung nicht mehr tiefer in diese Stadt einzutauchen. Ich habe im Vorfeld bereits den Fehler gemacht und meine Mitreisenden über die Tatsache aufgeklärt, dass Alice Springs die Stadt mit der höchsten Kriminalitätsrate in ganz Australien ist. Damit war der Drops gelutscht. Nach der entspannten Pooltime gab es nur noch einen kleinen Spaziergang die Hotelmeile entlang zur Sportsbar.

Das Essen ist gut und es herrscht eine tolle entspannte Atmosphäre in der Sportsbar. Wir treffen zur Happy Hour ein und freuen uns über ein zweites Gratisbier zum köstlichen Mahl. Es ist inzwischen dunkel geworden und wir spazieren zurück zum Hotel. In den Pool werden wir nicht mehr steigen, aber den Abend gemütlich bei einem Glas Wein beenden, darauf freuen wir uns. Während wir uns einen Tisch suchen, der nicht unter Bäumen steht, in denen fette Spinnen Netze gespannt haben, werden wir schon ins Gespräch verwickelt. Es gibt noch eine deutsche Reisegruppe im Hotel. Es handelt sich um eine Seniorenreise, denn nur dann hat man Zeit für die Rundreise durch Australien und anschließend auch noch nach Neuseeland. Allerdings kommen mir Zweifel, ob dieses Ehepaar alles mitbekommt. Sie halten uns für Mitglieder der Reisegruppe und fragen uns, ob wir morgen beim Ausflug in die Wüste mit dem Buffet dabei sind. Ich hoffe mal, dass sie bisher konzentriert aus dem Fenster geschaut haben und daher nicht die Mitglieder ihrer Truppe kennen. Bei einem Glas Wein und in der Mitte Australiens blicken wir sentimental auf die letzten Wochen zurück, in denen wir immerhin rund 5.000 Kilometer zurückgelegt haben und so unwahrscheinlich viele Eindrücke gesammelt haben. Morgen geht es mit dem Flieger noch nach Perth, dann ist Australien schon wieder eine Erinnerung.

Samstag 4.3.2017

Gut gelaunt treffen wir uns im Hotelflur am frühen Morgen und machen uns auf den Weg zum Flughafen. Wir Männer haben natürlich schon vor unserem geistigen Auge gesehen wie wir den Schlüssel bei der Autovermietung in die Box werfen und dann nach dem einchecken weg sind. Da haben wir aber die Rechnung ohne unseren pfeifenden Endfünfziger gemacht. Der hat sich scheinbar seinen Wecker gestellt und empfängt uns 2 Stunden vor Büroöffnung an seinem Schalter. Natürlich pfeift er wieder leise vor sich hin. Er nimmt die Schlüssel an sich und auf Deutsch sagt er auf Wiedersehen. Ich frage ihn noch kurz, ob er immer so arrogant vor sich her pfeift und er antwortet mit den Worten: „Natürlich, ich bin ein fröhlicher Mensch". Wir lassen uns nicht provozieren, wechseln zum Bodenpersonal der Quantas Airline und checken ein. Die gestrige Auskunft zum Gepäck wird bestätigt und wir nehmen unsere Koffer erst wieder morgen früh in Hongkong in Empfang.

Bei Kaffee, Tee und frischen Sandwiches aus dem einzigen Foodstore im winzigen Flughafengebäude warten wir auf den pünktlichen Abflug. Auf dem Weg nach Perth überqueren wir wieder einige Zeitzonen und gewinnen insgesamt 2 1/2 Stunden. Da wir Perth erst um 23:55 Uhr wieder verlassen, freuen wir uns auf einen ganzen Tag in der Hauptstadt des Bundesstaates Western Australia. Wir haben das Drama zur Rückgabe des demolierten Mietwagens ganz gut verdaut. Lediglich Thommi checkt stündlich seine Kreditkartenabrechnung, um zu sehen, ob er schon belastet wurde. Der Flug ist pünktlich und die kleine Maschine schraubt sich steil wie eine Rakete in den Himmel. Die nächsten 3 Stunden überqueren wir unwirtliches Wüstengebiet bis wie aus dem nichts eine grüne Oase zu sehen ist: Perth. Zwischendurch drohte das Flugzeug mal auf die Seite zu kippen, als wir den Uluru noch einmal überflogen und alle Passagiere den Blick von oben genießen wollten, und spontan auf die eine Seite wechselten, um aus dem Fenster zu sehen.

Wir erreichen Perth im Terminal 2 und haben zwei Optionen. Wir können den Bus zum Terminal 1 nehmen und dort unser nicht gerade leichtes Handgepäck einschließen oder wir nehmen den Bus in die Stadt. Wir wollen uns frei bewegen und nehmen den Bus zum anderen Terminal. 20 Minuten umrunden wir den Flughafen, erreichen schließlich das Terminal von dem wir am Abend auch abreisen werden. Die, im Freien zwischen Parkhäfen befindliche, Lockerstation wirkt auf uns nicht vertrauenserweckend genug, um ihr unser Handgepäck den ganzen Tag anzuvertrauen. Wir nehmen folgerichtig den nächsten Bus zurück zum Ausgangsterminal und besteigen sodann den Bus in die Stadt. Der kostenfreie Zubringer in die City zeigt uns schon einige Seiten der Stadt, bevor wir am Eingang des Botanischen Gartens der Stadt ankommen. Hier ist die Schnittstelle zu dem Sightseeing Bus, der wenige Minuten später eintrifft. Wir haben gerade noch die Zeit von dieser Anhöhe auf Downtown und den Hafen der Stadt zu blicken. Hierhin wollen wir auf jeden Fall zurückkehren. Der Blick ist atemberaubend und die stattlichen Bäume bieten etwas Schatten. Der wird heute noch nötig sein, denn es herrschen 40° und es ist gerade einmal 12:00 Uhr. Wir genießen die Rundfahrt und machen zwei Punkte aus, die wir unbedingt ausführlicher besuchen wollen.

Der erste Punkt ist sowohl Anfang als auch Ende der Sightseeingtour, die Anhöhe am Botanischen Garten. Auf den Terrassen bestaunen wir die uns zu Füßen liegende Stadt und machen natürlich wieder eine Menge Fotos. Der breite Swan River ist sehr belebt und schlängelt sich zur Linken an der Anhöhe vorbei. Mit und ohne uns wird Downtown und der vorgelagerte Stadthafen abgelichtet. Es ist Samstag und dieser wundervolle Platz ist inzwischen sehr gut besucht. Nach dem ausgiebigen Spaziergang auf der Anhöhe suchen wir uns im hiesigen Restaurant einen schönen Tisch und genießen Speis und Trank. Bei kühlen Getränken werden die Pläne für den Nachmittag geschmiedet.

Wir nehmen uns wieder den Sightseeing Bus und fahren hinunter zum Stadthafen. Eine riesige Baustelle verheißt ein Luxushotel direkt am Wasser mit herrlichem Blick auf den Stadthafen, Fertigstellung in 2019. Dieses Gebäude gliedert sich dann nahtlos in die moderne Architektur. Das neue Downtown und der Hafen. Sinnbild der modernen Ausrichtung von Perth. In zweiter Reihe haben wir noch während der Busfahrt Relikte der Vergangenheit in Form der Victorianischen Bauweise gesehen. Es
bleibt zu
hoffen,
dass nicht
alle Wur-
zeln der
1829 ge-
gründeten
Stadt ver-
schwin-

den. Die Gründung der hübschen Stadt, die immerhin rund 2.140 km von der nächsten Besiedlung (Adelaide) entfernt liegt, wurde als britischer Außenposten erschaffen, um eine befürchtete Ansiedlung von Franzosen zu verhindern. Aufgrund der Entfernung der Stadt von allem anderen Leben, gibt es für Perth eine eigene autarke Verwaltung. Somit können die 1,9 Mio. Einwohner des Großraums von Perth auf kurzem Wege regiert und verwaltet werden. Wir schlendern ein wenig

über die großzügige Hafenanlage, streifen einen Floh-markt und flanieren über künstlich angelegte Fußgän-gerbrücken. Nachdem wir den bunten Trubel ein wenig beobachtet haben, setzen wir uns in ein nettes Lokal und genehmigen uns noch ein paar kühle Getränke. Der Tag neigt sich langsam in Richtung Feierabend und das ist hier wörtlich zu nehmen. Direkt im Hafengelände gibt es einen umfriedeten Freiluftclub, der sich höchs-ter Beliebtheit erfreut. In langen Schlangen stehen die jungen hippen Perther um Eintritt zu erlangen. Von außen kann man die verschiedenen Bars und DJ`s se-hen. Die Jugend bringt sich in Stimmung um in den nächsten Morgen zu tanzen.

Wir tanzen um den Club herum zum Busbahnhof und steigen in den Zubringer zum Flughafen. Noch einmal eine Stunde Stadtbesichtigung in der Abenddämme-rung, dann heißt es auf Wiedersehen Australien. Wir orientieren uns im Terminal 1 und suchen uns ein Plätzchen zum Ruhen in der Nähe unseres Gates nach dem anstrengenden Tag. Die Hitze hat uns doch ein wenig zugesetzt und wir freuen uns erschöpft auf den Nachtflug nach Hongkong. Kurz vor dem Boarding fährt uns der Schreck in die Glieder. Wir sehen gerade noch aus dem Augenwinkel wie eine Frau eine Roll-treppe herunterfällt. Es gibt ein fürchterliches Geräusch als sie unten aufschlägt und die entsetzen Schreie der direkten Augenzeugen machen es nicht gerade schöner. Während wir rätseln, ob der auf der Rolltreppe hinter der Frau stehende Mann, sie ausversehen geschubst hat oder er lediglich versuchte sie zu halten, begeben wir uns zum Unfallort. Vielleicht können wir irgendwie helfen. Dem Himmel sei Dank. Als wir eintreffen, hat sich schon ein Ersthelfer über die Frau gebeugt und betreut sie augenscheinlich fachmännisch. Das beruhigt uns ungemein denn vom Flughafenpersonal ist immer noch Niemand zu sehen, um sich um die Verletzte zu kümmern. Ein wenig aufgewühlt und gleichzeitig müde steigen wir in unsere Maschine und hoffen, uns an Bord von dem etwas anstrengenden und heißen Tag zu erholen.

Sonntag 5.3.2018

Gegen 7:40 Uhr landen wir pünktlich in Hongkong, der letzten Station unseres erlebnisreichen Urlaubs. Wir durchlaufen die Immigration in rekordverdächtiger schnelle und begeben uns zu den Koffern. Wieder sind alle Koffer von uns angekommen, was für ein Glück auf der gesamten Reise bisher.

Da der Flughafen von Hongkong etwas außerhalb der Millionenmetropole liegt, nehmen wir den Schnellzug nach Kowloon. Von hier geht es mit zahlreichen Bussen, die die verschiedensten Hotels anfahren, kostenlos weiter. Der Bus bahnt sich seinen Weg über riesige

Baustellen und durch verstopfte Straßen. Die Ansage vom Band ruft unser Hotel aus und wir machen uns zum Ausstieg fertig. Der Bus fährt in eine Zulieferein- fahrt und lässt uns in der kahlen Betonlandschaft aus- steigen. Keine Spur von einem Hotel. Wir fragen bei den einsteigenden Touristen nach und man erklärt uns den Weg. Wir müssen ca. 30m nach vorne laufen und dann ist unser Hotel gleich rechts von der Ein- /Ausfahrt. Tatsächlich stehen wir wenige Minuten spä- ter vor unserem Hotel Marco Polo Kowloon. Ein gutes Haus an einer besonderen Straße. Hier reiht sich ein Designershop an den anderen. Die schweren güldenen Eingangstüren durch Mitarbeiter von Sicherheitsdiens- ten bewacht. Auch unser Hotel hat diese Türen, wenn man genau hinsieht. Leider sind sie durch ein Gerüst und abdeckende Planen nicht so genau erkennbar. Man hatte mir zwar mitgeteilt, dass der Swimmingpool auf- grund von Fassadenarbeiten im Moment nicht benutz- bar ist, aber so wie es hier aussieht, überrascht es mich doch. Es ist noch früh am Tage und natürlich ist in die- sem gut besuchten Haus noch kein Zimmer für uns hergerichtet. Da wir uns ein wenig frisch machen und umziehen wollen, begleitet man uns in einen Raum neben dem Empfang. OK, es handelt sich um einen Kofferraum für späte Abreisen oder frühe Ankünfte, aber diese Rumpelkammer wirkt extrem schmuddelig. Zudem wird die Kammer mittels mehrerer Kameras Videoüberwacht und Thommi widerstrebt es, das Kat- rin sich vor allen Leuten umzieht. Das freundliche

Empfangspersonal hat Verständnis und bietet uns die Toilettenräume im dritten Stock des Hauses an. Auf dem mit vielen Fenstern versehenen Flur bekommen wir einen ersten Eindruck von der tollen Lage des Hotels. Während sich am Vordereingang des Hotels die Prachtstraße befindet, ist man am hinteren Teil des Hotels direkt am Cruiseterminal Hongkongs.

In frischen Klamotten erobern wir die Straßen Hongkongs. Nur 200 Meter vom Hotel befindet sich der Fährterminal. Von hier fährt die Fähre zum anderen Teil Hongkongs. Das bunte Treiben an der Landspitze von Kowloon ist bemerkenswert. Immer wieder werden wir von Menschen angesprochen, die uns Hemden und Anzüge auf Maß anfertigen oder irgendetwas anderes verkaufen wollen. Wir wollen aber nur die Karten für den Sightseeing Bus mit den Coupons für die Fähre zwischen Kowloon und Hongkong Island. Die Tickets sind schnell gekauft und wir begeben uns zur ersten Haltestelle, um uns einen ersten Eindruck von der Stadt zu machen. Beim Spaziergang zu der Busstation entdecken wir direkt gegenüber von unserem Hotel eine tolle kleine Grünanlage mit Restaurant. Die Anlage ist terrassenförmig angelegt und bietet einen tollen Kontrast zu den anderen gradlinigen kubistischen Gebäuden. Zwei Kreuzungen weiter befindet sich die Busstation und eine andere Welt. Innerhalb von 150 Metern hat sich alles verändert. Schmutzige Fassaden und außenliegende Versorgungen; Strom - und Abwas-

serleitungen sind Aufputz gelegt, bestimmen das Bild. Wir steigen in den nahenden Bus, drücken uns die Knöpfe der Ohrhörer in die Ohren und lauschen der deutschen Erklärung zu den nun zu erfahrenen Höhepunkten der Stadt.

Wir haben ¾ dieser Bustour hinter uns und sind geflasht von der Atmosphäre in Kowloon, dem älteren Teil der Millionenmetropole. Geschäftiges Treiben, Fassaden geprägt von Spinnennetzen aus Versorgungsleitungen und immer wieder Gerüste aus Bambus. Während wir in Deutschland massive Stahlrohre mit übergroßen Klammern und Mutter verschrauben, hangeln sich hier Bambusstämme, die mit Flachsbändern verknotet werden, in schwindelnde Höhen. Und mitten in diesem Moloch die beiden Prachtstraßen mit ihren

Designerläden. Einmal die Canton Road, hier steht unser Hotel, und die Nathan Road, eine Parallelstraße zur Canton Road. Prächtige Auslagen, goldene Fenster- und Türrahmen und eine Ecke weiter warten geräucherte Gänse, am Kopf aufgehängt, im schmuddeligen Fenster auf ihren Verkauf. Wir steigen spontan aus dem Bus und besuchen den Garden of the Stars. Dieser liegt an der Salisbury Road und ist eine Hommage an die Stars, die die Assoziation zu China bedeuten. Allen voran natürlich Jackie Chan. Die Salisbury Road ist gespickt mit schicken Restaurant, die einen tollen Blick auf Hongkong Island bieten. Hongkong Island ist die vorgelagerte Insel von Hongkong, die Ursprung und Zukunft der Stadt gleichzeitig ist. Irgendwo müssen die 7,4 Mio. Einwohner der unter Sonderverwaltung stehenden Enklave ja wohnen. Wir wollen am Abend auf alle Fälle hierher zurückkehren, da man von hier die berühmte „Symphonie of lights" beobachten kann. Eine allabendliche Licht - und Lasershow auf Hongkong Island, bei der die Wolkenkratzer zu orchestraler Musik angestrahlt werden. Jetzt machen wir uns zu Fuß auf den Weg zurück zum Hotel, um unsere Zimmer zu beziehen und um eine erfrischende Dusche zu nehmen, bevor wir uns wieder in das Getümmel stürzen.

Erfrischt und gestriegelt treffen wir uns in der Lobby und brechen sofort auf, um die Besichtigung der Stadt fortzusetzen. Wir gehen den kurzen Weg zum Hafen hinunter und bewundern den alten Clocktower. Dieser

ca. 15 Meter hohe Uhrturm erinnert ein wenig an den Big Ben in London und ist einer der wenigen Relikte der an die Zeit der britischen Kronkolonie erinnert. Der erste Opiumkrieg in China 1841 führt zur Besetzung Hongkongs durch das britische Königreich. 1843 wird dann Hongkong offiziell zur Kronkolonie des britischen Empire. Lange Zeit blieb die Stadt, die übersetzt „Duftender Hafen" heißt, unter der britischen Regierung und diente den verfolgten Chinesen im Bürgerkrieg zwischen 1927 bis 1949 als Zufluchtsort. 1997 wurde dann Hongkong an China als Sonderverwaltungszone zurückgegeben. Das bedeutet für die Stadt insbesondere eine freie Marktwirtschaft und viel innere Autonomie.

Wir besteigen ein Boot der Star Ferry Linie und setzen mit dem antiken Boot nach Hongkong Island über. Wir haben Glück und erwischen bei dieser Überquerung die Celestrian Star, das älteste Schiff der Flotte aus dem Jahr 1956. Bereits seit 1888 gibt es die Fährverbindung zwischen den beiden Stadtteilen, die jeden Tag über 70.000 Personen befördert. Heute ist die Fähre nicht so voll, denn es ist Sonntag und auch die Uhrzeit (13:00 Uhr), spricht für eine entspannte Atmosphäre auf der 20-minütigen Überfahrt. Auf der Insel angekommen steigen wir sofort in die nächste Line der Sightseeing-touren und lassen uns durch das moderne Hongkong kutschieren. Witzig sind die extrem schmalen doppel-stöckigen Trambahnen, die ausschließlich auf dieser Seite Hongkongs für den Transport der Menschen sor-gen. Wie auch schon in Singapur befinden wir uns in diesem jungen Teil der Stadt mit den schlanken Wol-kenkratzern auf einer künstlich aufgeschütteten Land-zunge. Wir genießen die Fahrt bis zur Talstation der Peak Tram. Diese Standseilbahn ist eine der steilsten der Welt und führt aus der Ebene der Garden Road auf den Victoria Peak. Vor dem Kassenhäuschen haben sich lange Schlangen gebildet, aber unser Ticket ist in dem Ensemble der Sightseeingtour beinhaltet, wie auch die Fährpassagen zwischen den Teilen Hongkongs. Also erwischen wir sofort die nächste Bahn und über-winden mit dieser Bahn aus dem Jahre 1888 eine Stre-cke von 368 Metern mit 48° Steigung.

Die Fahrt dauert lediglich 5 Minuten, in denen die Handys aller Reisenden in Richtung Aufstieg gerichtet

sind. Oben an der Bergstation überrascht uns ein drei-
stöckiges Gebäude, in dem ein Einkaufstempel inte-
griert wurde. In der freien Marktwirtschaft hat man den
Betrieb der Bahn für Investoren ausgeschrieben und
dem Betreiber diesen Aussichtstempel genehmigt.
Auch die Terrasse im obersten Stockwerk ist nur gegen
eine Gebühr zu betreten und so beschließen wir wieder
einmal einstimmig die Aussicht von der untersten Eta-
ge zu genießen. Das machen viele und so drängeln sich
die Menschen am Rand des Spazierweges der in Ser-
pentinen neben der Bahn angelegt ist. Hier oben merkt
man, dass Sonntag ist, denn viele Ausflügler sind unterwegs. Das gilt auch für die Chinesen, die aus den
Dörfern in die Stadt kommen und heute nicht nur die
vom Smog getrübte Aussicht genießen können. In der
Schlange zur Talfahrt, die erheblicher länger ist als bei
der Bergfahrt, sind wir eine Attraktion. Wir Langnasen
sorgen ja schon für Aufsehen bei den Älteren und den
Kindern, aber Bine ist die absolute Sensation. Groß,
blond und grünäugig, das haben die Umstehenden
scheinbar noch nicht gesehen. Einem kleinen chinesischen Mädchen droht sogar eine Nackenstarre, da sie
minutenlang vor Bine stehenbleibt und in die Höhe
schaut. Wir haben genug gesehen, zumal die Sicht er-
wartungsgemäß nicht klar ist. Der Smog in Hongkong
liegt über der Stadt und bei diesigen Verhältnissen ist
die Aussicht nur für den Speicherchip im Kopf, aber
nicht für das Fotoalbum. Mit dem Bus und der Fähre
geht es zurück nach Kowloon und ich kann alle davon

überzeugen nun die Temple Street aufzusuchen. Wir haben den Eingang schon aus dem Bus am Vormittag gesehen, aber erst mit Anbruch der Dunkelheit belebt sich dieser touristische Hotspot.

Wir gehen zu Fuß und erreichen nach ca. 30 Minuten Spaziergang die Tempel Street. In der schmalen Straße sind links und rechts vor den „normalen" Läden hunderte von Marktständen aufgebaut, die Alles und Nichts aus den chinesischen Kopierwerken anbieten. Souvenirs, Handyschalen, Handtaschen und T-Shirts

sind die häufigsten Angebote. An den Kreuzungen der Temple Street gibt es dann Street Food Restaurants, die mitten auf der Straße die Gerichte zubereiten. Prompt werden auch wir massiv an einer Ecke angesprochen und ich muss gestehen, ich bin nicht abgeneigt.

Auf der Straße stehen 10 Tische, an der Ecke köcheln Nudeln im Wok und auf dem Boden stehen drei Wäschekörbe, in denen sich die verschiedensten Meerestiere tummeln. Katrin und Thommi sind skeptisch und wir gehen ein kleines Stückchen weiter. Aus der Ferne beobachten wir das bunte Treiben an dem Imbiss und aufgrund der Fluktuation und den sehr gut besetzten Tischen kann ich die beiden überzeugen hier zu essen. Die Chefin, sie hatte mich bereits im Vorbeigehen am Arm gepackt, freut sich über unsere späte Entscheidung und reicht uns die klebrigen „Speisekarten".

Obwohl die frische Ware in den Wäschekörben für ein Fischgericht spricht, entscheiden wir uns für die gebratenen Nudeln mit verschiedenen Beilagen und, wie sollte es anders sein, ein gut gekühltes Bier. Ab und zu geht der Chef durch eine kleine Tür neben seiner Auslage und kommt mit Gerichten zurück auf die Straße. Scheinbar gibt es hier noch eine zweite Küche. Zur Bestätigung meiner Vermutung kommt kurze Zeit später der chinesische Koch auf die Straße. Er trägt lediglich eine Boxershorts, nimmt einen Krebs aus dem Wäschekorb und verschwindet wieder in seine Küche. Wenn Spike nicht in Notting Hill wohnen würde, ich hätte gewettet, dass er es ist. Eine sehr erheiternde Situation die super zu diesem bunten Treiben in der Temple Street passt. Wir genießen das sehr schmackhafte Essen und spazieren danach durch die Nathan Road zur Wasser an die Salisbury Road. Pünktlich zum Beginn der „symphony of lights" erreichen wir den Boardwalk an der Salisbury Road und können noch einen Platz ergattern, der einen schönen Blick auf die andere Uferseite zulässt. Es sind sehr viele Menschen unterwegs, um das Spektakel zu erleben. Leider bekommen wir von der Musik nichts mit und müssen uns mit der Lightshow begnügen. Der Spaß dauert gut 20 Minuten, dann zerstäubt die Menschenmenge in alle vier Himmelsrichtungen. Auch wir machen uns auf den Weg in Richtung Hotel. Kurz bevor wir am Hotel ankommen, entdecken wir einen freien Tisch auf der Terrasse des kleinen feinen Restaurants in der hübschen Anlage mit viktorianischen Ambiente. Spontan erklimmen wir die Treppen und bestellen uns einen Cocktail. Die Temperatur ist angenehm warm und wir entspannen nach diesem sehr schönen Tag mit einem tollen Blick auf das unter uns liegende Forum der Anlage. Es gibt Abende, die will man gar nicht zu Ende gehen lassen, weil man sich so wohl fühlt.

Montag
6.3.2017

Frühstück haben wir im Marco Polo Hotel mitgebucht und das entschädigt für

die Fassadenarbeiten und den Planen vor dem Fenster, die einen Blick nach draußen unmöglich machen. Wir stärken uns an dem sehr reichhaltigen Buffet, welches sowohl asiatische als auch europäische Leckereien für uns bereithält. Wir müssen sogar an uns halten, um nicht im Frühstücksrestaurant zu versacken, damit wir unser heutiges strammes Tagesprogramm auch noch schaffen.

Wir nehmen noch einmal die Fähre und steigen dann in den Bus, der uns auf die Südseite von Hongkong Island bringt. Quer durch das Bankenviertel und dann vorbei an der Pferderennbahn. Glücksspiel bzw. Pferdewetten sind eine große Leidenschaft der Chinesen und die wunderschöne Rennbahn darf scheinbar bei einer Sightseeingtour nicht fehlen. Der nächste kleine Zwischenstopp findet am Eingang des Ocean Park statt. Dies ist einer der bedeutendsten Freizeitparks nach Disney World und während der gesamten Fahrt werden wir Seilbahnen und sonstige Fahrgeschäfte des Parks immer wieder entdecken können. Danach geht es aber in die Hügel des Hinterlandes und die Straße schlängelt sich am Hang der Insel entlang. Immer wieder blicken wir auf schöne Badebuchten und entdecken herrliche Sandstrände. In Stanley steigen wir aus und besuchen den berühmten Stanley Market. Dieser war mir bisher völlig unbekannt, aber beim Stöbern durch die Läden, wenn man schon mal da ist, erwerben wir ein passendes Mitbringsel für Basti. Der Besuch hat sich lediglich aus diesem Grund gelohnt. Ansonsten ist Stanley nicht besonders aufregend und wir gehen langsam wieder zur Bushaltestelle zurück.

Ein Highlight wartet noch auf uns. Eine Fahrt mit dem Sampan Boot. Dazu begeben wir uns mit dem Bus zum Aberdeen Hafen in Hongkong. Hier liegen Sampan Boote und machen eine kleine Tour durch den Hafen. Dabei kann man sich ein Bild vom Leben auf den Hausbooten machen, die Seite an Seite in der kleinen Hafenbucht liegen. Gerade ärmere Menschen können sich keine Wohnungen leisten oder sie möchten nicht länger in den sogenannten „cages" wohnen. Cages sind nur durch Holzbretter abgeteilte Wohnräume, die für mehrköpfige Familien reichen muss. Diese Menschen leben heute noch auf den schmuddeligen Hausbooten. Absolut surreal wirkt diese Ansammlung von abgewrackten Booten, die neben den pompösen Motoryachten der Reichen Hongkongs liegen. Einen größeren Kontrast kann es nicht geben. Wir teilen uns unsere gemütliche Fahrt im Sampan mit vier buddhistischen Mönchen. Die

machen hier auch Ferien, sind bester Laune und foto-grafieren sich mit Ihren Smartphones gegenseitig. Gemeinsam mit ihnen steuern wir auf einen touristischen Höhepunkt zu. Unser Kapitän, ein zahnloser Chinese im biblischen Alter, lenkt direkt auf ein chinesisches Restaurant, welches mitten im Hafen liegt und nur mit dem Boot zu erreichen ist. Er wartet geduldig bis wir alle Fotos von dem an einen Tempel erinnernden Gasthauses gemacht haben, bevor er unser Boot in einem großen Kreis um das Restaurant herum steuert. Und da waren sie wieder, die Gegensätze. Während der Fresstempel von vorne gepflegt und sauber aussah, erleben wir auf der Hinterseite das Grauen. Total heruntergekommen ist die Fassade und fast wie bestellt, schüttet gerade ein Küchenarbeiter Abfälle aus dem zweiten Stock des Restaurants in das Hafenbecken. Ich bin mir sicher das weder chinesisches Essen, noch Fisch auf unserer Speisekarte heute steht.

Noch einmal besteigen wir den nahenden Bus und fahren zurück zur Anlegestelle der Fähren. Es ist Zeit für ein Käffchen, aber außer einen „coffee to go" bekommen wir am Fähranleger nichts zu trinken. Das ist uns im Moment nicht so recht und wir nutzen die plötzliche freie Zeit mit einem kleinen Abstecher in das Maritim Museum. Dies beleuchtet die interessante Historie des gesamten Hafengebietes und ist zudem auch noch in unserem speziellen Sightseeing Ticket beinhaltet.

Es ist inzwischen 16:00 Uhr und wir besteigen die Fähre nach Kowloon. Ein wenig wehmütig blicken wir an Bord zurück auf die Skyline von Hongkong Island. In einigen Stunden geht unser Flieger zurück nach London und die werden wir in Kowloon verbringen. Da sich, mangels eines Kaffeekränzchens, langsam der Hunger breitmacht, suchen wir ein passendes Restaurant. Ich präferiere noch einmal eine Garküche auf den Straßen von Kowloon, werde aber deutlich überstimmt. Nach dem Motto „wir wollen den Bogen nicht überspannen, gestern haben wir überlebt" wollen meine Mitstreiter heute auf Nummer Sicher gehen. Die Wahl fällt auf einen Italiener. Der befindet sich in der am Cruiseterminal integrierten Mall und bietet zu den traditionellen italienischen Speisen dann doch noch einmal mangels vor Anker liegenden Kreuzfahrtriesen einen tollen Blick auf Hongkong Island.

Gestärkt durchwandern wir die riesige Mall deren Haupteingang sich direkt neben unserem Hotel befindet. Im Rücken der Hotels und der Designerläden scheint sich diese Mall über die gesamte Canton Road entlang zu ziehen. Über mehrere Stockwerke erstreckt sich der Einkaufstempel und bietet uns eine letzte ausgiebige Möglichkeit zum Erwerb von kitschigen Souvenirs oder einem Bekleidungsstückchen. Wir behalten in dem frühabendlichen Getümmel den Überblick und finden rechtzeitig den Ausgang neben unserem Hotel wieder. Am Empfang des Hotels bringen uns die

freundlichen Mitarbeiter unsere Koffer und wir begeben uns zu der Stelle an der uns der Bus vor 36 Stunden abgesetzt hatte. Tatsächlich erreicht ein Bus nach
einigen Minuten den Haltepunkt in der unwirtlichen
Umgebung der Hotelwirtschaftshöfe. Er bringt uns zur
schlichten Bahnhofshalle des hypermodernen Schnell-
zuges zwischen Hongkong Island und dem Flughafen.
Schnell sind die Fahrkarten gekauft und dann geht es
zum Bahnsteig. In Hongkong sind an den wichtigsten
Stellen, trotz des Rückzugs der Briten vor 20 Jahren
alle Hinweisschilder auch in englischer Sprache. So
findet man sich schnell und sicher zurecht. Die Zeit in
der Bahn nutzen wir zu einem ersten kurzen Statement
zu den Eindrücken die wir in Hongkong gewonnen
haben. Einstimmig erklären die Damen, dass die beiden
Tage in der Metropole eine interessante Erfahrung war,
aber keiner Wiederholung bedarf. Mich überrascht die
Aussage, denn ich habe mich rundum wohlgefühlt und
könnte mir durchaus vorstellen noch einmal zurückzukehren. Nur 24 Minuten später erreichen wir den Flughafen und begeben uns direkt an den Abfertigungs-
schalter um das Gepäck aufzugeben. Es ist 23:45 Uhr,
als wir den Airbus besteigen, der uns durch die Nacht
nach London bringt. Nach den vergangenen aufregen-
den Stunden in Hongkong werden wir sicher alle in den
wohlverdienten Schlaf fallen.

Dienstag, 7.3.2017

Pünktlich landen wir in London und nutzen die Zeit des Zwischenaufenthaltes für einen kleinen Imbiss und einen kräftigen Kaffee. In dem sonst so quirligen Terminal ist es um diese Zeit, es ist kurz nach 5 Uhr morgens, erstaunlich entspannt. Unsere Gesichter lassen auf wenig Schlaf während des Fluges deuten und trotz der angenehmen Flugzeiten und der sehr ruhigen Flüge sind wir alle ein wenig erschöpft. Da trifft es sich ganz gut, dass man den letzten Flug von London nach Berlin sprichwörtlich auf einer Backe absitzt.

Glücklich, gesund und zufrieden erreichen wir schließlich Berlin. Mit dem Versprechen in naher Zukunft wieder gemeinsam einen interessanten Urlaub zu verbringen, verabschieden wir uns voneinander und gehen unserer Wege. Schön war`s!

Herstellung und Verlag:
BoD- Books on Demand, Norderstedt
ISBN: 978-3-7528-9228-4

.

FSC

www.fsc.org

MIX

Papier aus ver-
antwortungsvollen
Quellen
Paper from
responsible sources

FSC® C105338